京都大学准教授
石井英真
山口大学准教授
熊井将太
神戸大学准教授
川地亜弥子
慶應義塾大学教授
藤本和久
神戸大学准教授
赤木和重

流行に踊る日本の教育

東京学芸大学准教授
渡辺貴裕
静岡大学准教授
亘理陽一
九州大学准教授
木村拓也
広島大学大学院准教授
杉田浩崇
神戸大学准教授
山下晃一

東洋館出版社

第３章　対話的・協同的な学び―新しい知と文化が生まれる学校を目指して　071

第7章　外国語コミュニケーション 173

序章

新しいものにとびつく前に、当たり前をやめる前に

コンピテンシー、アクティブ・ラーニング、カリキュラム・マネジメントなど、横文字が踊り、そうした新しい言葉が出てくるたびに、現場も、大学人も、その流行に飛びつき、翻弄されています。外来のものをありがたがり、流行に踊らされる状況を、これまでも日本の教育は繰り返してきました。その一方で、先人たちは、日本の文脈に合わせて固有の教育文化を形成し、蓄積してきました。ところが、近年の教育改革は、（教員の世代交代もあり）先人の蓄積に目を向けず、日本固有の教育文化を崩してしまうことが危惧されます。

特に、近年の横文字言葉が躍る状況の特殊性は、単に外来のものに飛びついているというだけでなく、**教育について必ずしも専門的知見をもたない人たちの教育論が、教育専門家の見解を経由せずに、それ以上の声の大きさをもって、教育政策や教育実践に影響を与えている**という点にあります。

確かに、教育業界以外の「民間」の発想や市民目線から、学校現場や教育界で常識とされている「当たり前」（学校の特殊ルールや語りの教育臭さ）を見直してみることは重要

でしょう。諸外国の日本と異なる文化や先進的な取組から学ぶことも大切でしょう。

しかし、近年の、教育畑に限らない「日本の教育」の改革者の語りは、日本の外部、教育的な発想の外部にユートピアを見いだし、他方で「日本の教育は崩壊している」という前提で出発しがちな点に危うさを感じます。そして、自分たちの頭で考え判断する余裕を与えられぬまま、こうしたきらびやかで先導的な改革者の語りに教育現場は翻弄され、それに飛びつけば飛びつくほど、自前の言葉や文化や理論を失っていっているように思います。

しかし、改革者たちが「新しい教育」として提唱しているものをよくよく見ると、（教育を専門とする者からすると）陳腐に映ることがしばしばあります。**新しい改革として日本に導入されようとしている**（されてきた）**手法や発想の多くは、歴史的に、あるいは諸外国の取組として繰り返し登場してきたもので、実は「旧い」ものが多い**からです。そして、その有効性や課題は、実践的・歴史的に検証されてきた部分もあり、そうした蓄積をふまえることで、いまそれが必要かどうか、導入するなら何に気をつけなければいけないかが見えてきます。

では、教育について提言する者、提言を受け止める者ともに、流行に対してどう向き合えばよいでしょうか。地に足をつけて自分の頭で考えるためには、何を参照し、どのように思考していけばよいのでしょうか。

「それは本当に新しい？」

「過去に日本で同じようなことはなかったの？」

「実際、他の国ではどう実践されているの？」

「問題はないの？」

「海外や過去においてどんな議論があるの？」

「他の可能性はないの？」

「そもそも何を目的としているの？　本当に大事なことは何なの？」

おおよそこうした問いを考えることで、自分なりの考えをもって、いまどうあればよいのかを見通すことができるようになるでしょう。そこで、先人たちの専門的知見の蓄積、各分野の教育の専門家による流行の読み解きを示すことで、みなさんと「教育学的な見方・考え方」を共有することを目指して本書を上梓しました。

歴史、特に日本の教育学と教育実践の歴史が無視されがちです。そこで、本書では、温故知新（この歴史の遺産、あるいは教訓は語り継ぎたい）を重視して、流行を吟味することを試みています。さらに、「こんなことは昔からやっている」「こんな問題がある」という批評家的論調、あるいは、民間の発想やグローバル化に対して、ただ日本の学校のよさを再評価するのみの保守的な論調にならないよう努めました。

本書では、現代の「流行」が内包している革新性にも光を当てつつ、その一方で「流行」に踊った先に、思っていたのとは違う現実（ユートピアの追求の先に生まれたデストピア）をもたらさないよう、復古主義・回顧主義にも陥ることなく、地に足の着いた未来形のヴィジョンと日本の教育文化の新しい形へのヒントを見いだせるようにしたいと考えています。

本書の構成と各章で取り上げるキーワードの見取り図を示しておきたいと思います。

この序章に続いて、本論「流行のトピック、10人の教育の専門家はこう読む！」では、まず、教育目的や学力観や学校の機能と役割にかかわる、資質・能力ベースの改革を取り上げます。

続いて、アクティブ・ラーニングや学習者主導の授業など、学びと授業のあり方にかかわって、「個別化・個性化された学び」「対話的・協同的な学び」「プロジェクト型学習」を取り上げます。これら三つは、相互に関連しつつ、それぞれに異なる系譜とベクトルと実践の広がりを形成しています。そのうえで、社会変動、特にグローバル化がもたらす二つのベクトル、すなわち、社会の多様性の拡大も背景にした、インクルーシブ教育の要請、他方において進行するグローバル化要求の拡大と標準化について、それぞれ「インクルーシブ教育」と「外国語コミュニケーション」から切り込みました。

こうした、主に教育の目的・内容・方法面の議論に続いて、実践の条件面へと議論の焦点を移していきます。まず、実践を創る教師の学びの問題に着目し、リフレクションなどの手法の提案が活発になされている「教師による『研究』」について深めます。また、「改革に踊る」という点ではホットな「大学入試改革」について冷静な議論を提起します。

続いて、社会のさまざまな場面で広がっている、実践や政策の根拠となる「エビデンスに基づく教育」について検討します。最後に、カリキュラム・マネジメントや開かれた学校づくりなど、「社会に開かれた教育課程」を掘り下げます。

各章は、現状の語り（改革の表面的理解）、専門家の見方・考え方（教育実践と教育学の遺産の確認と教育学をふまえた現状の吟味）、未来への見通し（専門家の知見をふまえて現状を深堀することで見えてくること、いま本当に必要なこと、確かなヴィジョンの提示）という三つのパートで構成しています。

それぞれのトピックについて執筆を誰にお願いするか。相当に考え抜きました。むしろ、上記のような構想をゆるやかにもちながら、この人がこの問題をどう考えるのか聞いてみたいという具合に、人をとても重視しました。しっかりとした研究上のベースと幅広い見識をもち、かつ現代的な問題についての深い洞察や実践的提案にもつなげ得る、いままさに脂の載った若手から中堅。そのような無茶な条件を兼ね備えた稀有な方々を、自分に近しい方というのではなく、学派、学問分野にかかわらず人選しました。

初対面の方はもちろん、親しい方にもお一人お一人お電話などで直接お話して、現状への問題意識や趣旨を共有し、意見交換を行いながら、企画を練り上げました。その結果、普通ならなかなか一緒になることのない豪華メンバーによる、「夢のコラボ」が実現したと思っています。

さらに、ただ原稿を集めて終わりではもったいないと考え、二回にわたって、研究会的な編集会議の機会をもちました。それぞれに多忙を極めている状況下で、全員出席はなかなかむずかしかったものの、原稿を共有し、その検討にとどまらず、さまざまなトピックについて縦横無尽に議論する、（教育学研究内部ではありますが）その異種格闘技戦はとてもスリリングでした。その知的刺激に満ちた議論の様子を共有し、また、それぞれの切り口から読み解いた現代の教育課題について、より総合的に、自由に深めようと考え、2時間強におよぶ座談会を実施し、そのポイントとなる部分も掲載しました。

座談会では、現代の教育改革の語りの一つの典型として、経済産業省が提起している「未来の教室」の構想を入口にしながら、「特にいま、なぜ教育は流行に踊りがちなのか」「スマートで、一見キラキラして見える流行の語りや、実践にありがちな落とし穴はどこにあるのか」「教育学や教育研究のあり方に課題はなかったか」「いま何を見失ってはいけないか」といった点について議論しました。日程の都合で座談会に参加いただくことができなかった木村拓也先生には、「未来の教室」へのコメントを寄せていただき、それを注の形で掲載しています。

行政、教育ジャーナリズム、教育ベンチャー、カリスマ化した教育者などから発信される、改革を煽動する言葉やアイデアや手法に踊ってしまうこと、それを冷ややかに眺めるのではなく、現場の「何とかしたい」という思いも共有しつつ、「でも、そっちにいくのはあやういよ」「進む前にちょっと立ち止まって」「ここは考えておこうよ」そんな投げかけができたらと思っています。

（石井英真）

第1章
資質・能力ベースのカリキュラム改革
―学校ですべきこと、できることは何か？

ＰＩＳＡ型学力、キー・コンピテンシー、21世紀型スキルなど、変化の激しい社会では、「新しい能力」が必要だと言われ、新学習指導要領は、内容ベース（何を教えるか）から、コンピテンシー・ベース、あるいは資質・能力ベース（何ができるようになるか）への転換をスローガンとして掲げています（松下、２０１０／石井、２０１７）。

ＯＥＣＤもEducation 2030プロジェクトで、新しい能力のモデル（「２０３０年に向けた学習枠組み」Learning Framework 2030）を提示しており、そこでは個人と集団のウェルビーイングを実現する活動主体に必要な能力として、新たな価値を創造する力、対立やジレンマを克服する力、責任ある行動をとる力といった、非認知的能力も含めた包括的な能力が強調されています[①]。

そうやって、どんどん社会から学校への要求はエスカレートしているわけですが、学校はそんなに万能なのでしょうか？　学校での教育の対象とすることで、逆効果になることはないのでしょうか？　学校で「すべきこと」「できること」とは何なのでしょうか？

本章では、「コンピテンシー・ベース」や「資質・能力ベース」といった改革について掘り下げていきます。

〈注①〉「OECD Education 2030プロジェクトについて」、文部科学省『初等教育資料』２０１８年5月号（No.９６７）、96～１０５頁

知識を教えるだけの教育は時代遅れ？

巷では、こんな語りがあふれています。

●グローバル化、知識基盤社会、ＡＩの進歩、人口減少社会など、変化の激しい社会では、正解のない問題に対応したり、異質な他者と協働したりできること、新しい価値を創造することなど、人間にしかできないことが大事になってくる。

●これに対して、これまでの画一的な日本型教育では、与えられたことをまじめに丁寧に手際よくこなす人材は育てられても、イノベーションを起こす人材は育てられないし、終身雇用も揺らぎ、いい大学を出ていい企業に入社できても、それだけで一生安泰という時代でもない。

●このままでは、子どもたちは社会を生き抜けないし、日本社会の競争力も低下してしまう。

こうした語りのきっかけとなったのは、ＯＥＣＤ（経済協力開発機構）の国際学力調査（ＰＩＳＡ）でした。

PISAは、現代社会が求める能力を測るものとされ、たとえば、**資料**に示したような読解力を問う問題など、ただ文章を読み取るだけや、知識・技能を習得しているだけでなく、読み取ったことをもとに考え表現したり、知識・技能を活用したりする力こそが重要だというメッセージを打ち出しました。

しかも、この読解力について、2000年調査から国際的な順位の低下が見られたという、2003年調査の結果が教育界に衝撃を与え、日本の子どもたちは、現代社会が求める能力に課題を抱えていて、日本の教育は根本的な見直しが必要だという論調を生み出すに至ります（2004年のPISAショック）。

教育改革のスローガンは、「ゆとり教育」から「学力向上」へとシフトし、2007年からはじまった「全国学力・学習状況調査」（全国学力テスト）も、「知識」問題（A問題）に加えて「活用」問題（B問題）が出題されるなど、PISAを強く意識した学力観の転換が図られました。混迷の渦中にある大学入試改革（第8章参照）もその延長線上にあります。

その後、読解力を含め、PISAの成績は上昇します。そして、さらに次のゴールを求めて、そもそもPISAが測っているのは、OECDなりに現代社会が求める能力を示した「キー・コンピテンシー（key competency）」（①相互作用的に道具を用いる力、②社会的に異質な集団で交流する力、③自律的に活動する力）の一部（①の部分）のみであり、社会性

資料　PISAの読解力問題（「落書き」）

学校の壁の落書きに頭にきています。壁から落書きを消して塗り直すのは、今度が４度目だからです。創造力という点では見上げたものだけれど、社会に余分な損失を負担させないで、自分を表現する方法を探すべきです。 禁じられている場所に落書きするという、若い人たちの評価を落とすようなことを、なぜするのでしょう。プロの芸術家は、通りに絵をつるしたりなんかしないで、正式な場所に展示して、金銭的援助を求め、名声を獲得するのではないでしょうか。 私の考えでは、建物やフェンス、公園のベンチは、それ自体がすでに芸術作品です。落書きでそうした建築物を台無しにするというのは、ほんとに悲しいことです。それだけではなくて、落書きという手段は、オゾン層を破壊します。そうした「芸術作品」は、そのたびに消されてしまうのに、この犯罪的な芸術家たちはなぜ落書きをして困らせるのか、本当に私には理解できません。 ベルガ	十人十色。人の好みなんてさまざまです。世の中はコミュニケーションと広告であふれています。企業のロゴ、お店の看板、通りに面した大きくて目ざわりなポスター。こういうのは許されるでしょうか。そう、大抵は許されます。では、落書きは許されますか。許せるという人もいれば、許せないという人もいます。 落書きのための代金はだれが払うのでしょう。だれが最後に広告の代金を払うのでしょう。その通り。消費者です。 看板を立てた人は、あなたに許可を求めましたか。求めていません。それでは、落書きをする人は許可を求めなければいけませんか。これは単に、コミュニケーションの問題ではないでしょうか。あなた自身の名前も、非行少年グループの名前も、通りで見かける大きな製作物も、一種のコミュニケーションではないかしら。 数年前に店で見かけた、しま模様やチェックの柄の洋服はどうでしょう。それにスキーウェアも。そうした洋服の模様や色は、花模様が描かれたコンクリートの壁をそっくりそのまま真似たものです。そうした模様や色は受け入れられ、高く評価されているのに、それと同じスタイルの落書きが不愉快とみなされているなんて、笑ってしまいます。 芸術多難の時代です。 ソフィア

問　あなたは、この２通の手紙のどちらに賛成しますか。片方あるいは両方の手紙の内容にふれながら、自分なりの言葉を使ってあなたの考えを説明してください。

や主体性をも含めたより包括的な資質・能力を学校で育てていかねばならないという論調に発展します。

コンピテンシーとは、職業的有能性や人生における成功を予測する、社会的スキルや動機、人格特性も含めた包括的な能力、いわば社会が求める実力を意味する言葉です。そうした現代社会が求める実力を「より直接的・意図的に学校で育てるべきだ」という国際的なトレンド（コンピテンシー・ベースの改革）に乗る形で改訂されたのが、「資質・能力」ベースの新学習指導要領です（石井、２０１７）。

さらに、２０１９年、ＰＩＳＡの読解力（デジタル・テキストを読み解き、コンピュータで回答する出題形式になっている）の成績が再び低下したことを受けて、デジタル機器やＩＣＴ活用を推進する動きも強まろうとしています。

こうして、国際的なトレンドや学力調査の結果（エビデンス）に煽られる形で、日本の学校教育には、「あれも足りない」「これも足りない」とさまざまな要求が投げ込まれるようになりました。さらに、「変化する社会では、特定の知識や内容よりも、それらを学ぶ学び方を身につけさせれば、どんな社会になっても大丈夫だろう」という認識から、汎用的とされる「○○力」や「○○スキル」を目標に取り込むようになったわけです。

他方、「コンピテンシーや資質・能力を重視するからといって、知識の習得をおろそかにするわけではない」という点も強調されるようになっています。

遡れば、２００８年版の学習指導要領において、総合的な学習の時間については「探究」的な学びを、教科の授業については「活用」型の学びと「習得」型の学びを、「車の両輪」として推進することが示されました。その後、２０１７年版学習指導要領では、育成を目指す資質・能力を「三つの柱」（「知識・技能」「思考力・判断力・表現力等」「学びに向かう力、人間性等」）でとらえ、各教科等の目標がそれで整理されました。アクティブ・ラーニングにしても、ただアクティブで、主体的・対話的であるだけでなく、教科の本質を追求する深い学びであることの必要性が提起されています。

また、経済産業省（２０１９年）の「未来の教室」構想では、「学びの STEAM 化[②]」の名の下に、文理を問わず教科知識や専門知識を習得すること（＝「知る」）と、探究・プロジェクト型学習（Project-based Learning：ＰＢＬ、第４章参照）のなかで知識に横串を刺し、創造的・論理的に思考し、未知の課題やその解決策を見いだすこと（＝「創る」）とが循環する学びの必要性が提起されています。

こうした政策の展開も背景として、現場では、アクティブ・ラーニングを行うにも、

〈注②〉Science, Technology, Engineering, Art, Mathematics 等の各教科の学習を実社会での創造的な問題発見・解決やデザインに生かしていく教科横断的な教育をめざすこと。

基礎的な知識・技能が必要だから、まずそれを講義形式で手際よく教えて、グループ・ワークなどによって思考力・判断力・表現力等を育てればよいといった、いわば「習得」してから「活用」に向かう段階論が根強く見られます。また、反転授業[3]を活用すれば、それらは実現可能だという声も聞かれます。さらに、経産省の「未来の教室」においては、知識とそれを処理するスキルとを切り分ける、次のような発想が見て取れます。

●そもそも教科の学びは知識・技能の習得以上のものではなく、個別最適化（第2章参照）の学習アプリ（「AI先生」）に基本的に任せてしまえばいい。

●考える力や創造性や社会性は、PBLの学習プログラムとデジタルコンテンツで学ぶといったように分担してしまえばいい。

●PBLに参加する子どもたちに必要な、他者と協働するためのコミュニケーションスキルや、システム思考やデザイン思考にかかわる思考法を個別に特定し、直接的にプログラムで育成していけばいい。

〈注③〉ブレンド型学習（対面学習とICTを使ったオンライン学習とを組み合わせたもの）の一つであり、授業と宿題の役割を「反転」させ、授業時間外に講義部分をオンライン教材として提供し予習させ、対面の教室の授業では、協働学習や問題解決学習等を通して、知識理解の確認や知識の使いこなしや深化の機会を提供する学習形態。

新しい能力の教育へと改革すればするほど、それが育たなくなる逆説を超える

1 「いまの日本には新しい能力の教育が必要」という語り自体を疑う

「変化の激しい現代社会では、創造性や新しい能力が必要だ」という語りが改革を駆動してきたわけですが、そもそもこの前提は妥当なのでしょうか？　教育社会学者などからは、その前提を問い直す議論が提起されています（中村、2018）。従来の学校教育は、（特に日本の教育は）知識偏重だったと言われますが、はたして本当にそうだったのでしょうか？

「学校は知識を教えるだけではなく、考える力や主体性を重視すべきだ」という主張は、これまでも幾度となく繰り返されてきました。特に、日本においては、初代文相・森有礼の「人物第一、学力第二」という言葉によく表れているように、むしろ理屈よりも情を重視し、物事を合理的に認識して理性的に議論・判断することが軽視されがちで、そうした、何事も心構えに還元する精神主義的な傾向は、学力論争で「態度主義」だと批判されてきました（中内、1983）。

近年、非認知的能力の重要性が叫ばれていますが、そもそも日本の教育は、学校生活を通して、みんなで学び、クラスの問題をみんなで解決することを通して、社会性や人格をも育てる「共同体としての学校」として普及・発展してきました（木村、２０１５）。生徒会活動、文化祭、体育祭、学級活動といった特別活動の存在は、そうした日本の学校の全人教育としての性格をよく表しており、コンピテンシー・ベースの潮流に乗って、いまやそのノウハウは、諸外国に輸出すらされています。

その一方で、全人教育の強みが世界的に再評価されると同時に、そのマイナス面も顕在化してきているように思います。すなわち、日本の教育の共同性は画一性と結びつきやすく、〝みんなで一緒に〟という同調圧力が強く働きます。その結果、学校が、個性的な子にとって生きづらい場となったり、濃密な関係性がいじめを生む土壌となったりするという負の側面です。

先述のＰＩＳＡショックにしても、論理的な言語技術を重視する欧米の読みの指導と、心情の読み取りを重視する日本の読解指導のズレを指摘したものと見ることもできます。

思考力という点で見ても、問題解決過程を重視する日本の小学校の算数教育は、アメリカなどで評価されています（スティグラー＆ヒーバート、２００２）。こうしたことからも、「日本の教育は、諸外国の教育に比べて思考力を重視してこなかった」とは必ずしも言えません。むしろ、（第２章から第４章で紹介されるように）子どもたちの多様な考えやつまずきを生かしながら、学級全体で思考を練り上げる授業が理想とされてきたのです。

ただし、小学校についてはアクティブすぎるくらいですが、中・高に行くにしたがってチョーク&トークの授業になる傾向はあります。**「日本の授業は一方通行で考える力を育てていない」という人々のステレオタイプ的な印象は、高校くらいの授業の記憶によって形成されているよう**に思います。

2　学校は何のためにあるのか

これまでも大事にされてきたものとしての、コミュニケーション能力や思考力に対する切実性は、特に現代社会において高まっていますが、それを「新しい能力」と呼ぶことについては慎重に考える必要があります。

たとえば、「サービス職の拡大などの職業構成の量的変化や、職業に求められる能力の変化ゆえに、いまこそコミュニケーション能力が必要だ」という前提に対して根拠の妥当性を問う議論もあります。また、「経済発展には、学校で人的能力を開発することが有効だ」という知見についても論争的です（仁平、２０１９）。

そもそも、学校教育は、産業界の人材育成（社会の都合）のためのみにあるわけではありません。学校は、社会のなかで自分らしく、よりよく生きていく自立した個人を育てるために、子どもが人間らしく成長・発達していく権利を保障する場であって、ビジネス的価値観や職業への準備性（雇用可能性〈employability〉）が前面に出てくることに対して、違和感を感じる人も多いでしょう。

確かに、日本の学校は、働くこと（ひいては社会人として生きること）について学び考えるなど、教育内容の職業的意義があまりにも考慮されてこなかったのも事実です（本田、2020）。高等教育や中等教育においては、まさに社会的自立や一人前にしていくという観点から、自分たちの足元で生じている「変化する社会のリアル」に目を向けさせ、実際に社会の活動に参加したりもしながら、労働者として、市民として、さらには一人の個人として、「自分はどう生きるか」を考える教育がもっとなされてよいでしょう。

その一方で、幼稚園や小学校段階で無批判にデジタル機器を与えたり、グループワークやプレゼンの仕方のうまさにこだわるあまり、学校が小さなビジネスマンを育成するかのような表面的なスキル形成の場になってしまうことには注意が必要でしょう。

たとえば、タブレット端末の活用などについても、人間としての精神・身体機能や社会的関係の素地が形成される子ども期においては、大人に対して以上に、健康上・発達上のリスクや適切性を考慮する必要があります。まずは、いまの時代に役に立つ（逆に言えば、すぐに役立たなくなる）スキルよりも、人間性の基盤となる言葉の力や認識の力などにこそ注目し、それを体験的に、ときには静かに手間をかけながら育てていくことを大切にすべきでしょう。

「新しい能力」として挙げられる**「創造力」「コミュニケーション能力」といったものは、最大公約数的で陳腐な、どの時代でも重要だとされるような、普遍的能力を挙げているにすぎない**のです。それどころか「いま、どのような社会で、どのような知や力やスタイルを身につけておくことが有効なのか？」といった、社会のリアルを問う問いに、人々が向き合うことを妨げているように思います（石井、２０１５）。

一見、陳腐に見えるＯＥＣＤのキー・コンピテンシーの枠組みも、その作成過程の議論を見ると、経済界が求める人材の訓練か、市民社会を担う政治主体の育成かといった具合に、めざす社会像や人間像をめぐる価値的な議論が行われていて（ライチェン＆サルガニク、２００６）、それが、ＰＩＳＡにおいて、市民社会的な文脈の設問にもつながっているように思います。

たとえば、先述のＰＩＳＡ２０１８において、他国に比して、日本の子どもたちのできが悪かった問題の一つは、ある商品の安全性について、製造企業の宣伝サイトとネット上の雑誌記事を比べて情報の質や信憑性を評価し、自分ならどうするか、根拠を示して説明する問題でした（日本の正答率8・9％、OECD平均27・0％）。

経済成長的観点からは、この結果から、デジタルスキルの強調に向かいがちですが、市民社会的観点からは、批判的なメディアリテラシーの重視を導き出すこともできるのであって、めざす社会像、人間像を具体的に議論していくことこそが重要です。

3　真に考える力を育てるには

ここまで、「新しい能力への社会的必要性が現在高まっていて、学校でそれを教育することが社会的にも必要である」という前提は、検討の余地があることを述べてきました。

中村高康（2018）は、いま社会や人々が求めているのは、「新しい能力」それ自体というよりも、「新しい能力を求めなければならない」という「議論」それ自体であると述べています。繰り返される「新しい能力」を求める語りや知識偏重批判は、現状へのほどよい問い直しとして機能しているうちは、子どもの学びや教育実践をより豊かにする新たな挑戦も触発してきました。

しかし、変化の激しい現代社会において、特に2000年代を超えたあたりから展開している「新しい能力」論の特徴は、現状を問い直すサイクルの加速と相まって、「改革のための改革」に陥っている点にあります。そして、そうした「改革のための改革」や危機を煽り続ける言説によって、際限なく前提が問い直されることで、もともとうまくいっていたものの土台まで掘り崩されてしまう状況が生まれているように思います。

たとえば、1990年代から2000年代にかけて、「新しい学力観」「総合的な学習の時間」「活用する力」「資質・能力」と、考える力や主体性を重視する方向で、教育改革は続けられてきました。いまどきの教科書も、内容の解説書的なものから変化し、考えるための問いがあったり、子どもたちのやりとりを例示する吹き出しがあったりと活動重視です。

そうであるにもかかわらず、

- なぜ日本の子どもたちは学習意欲が低く、自由記述の白紙答案が多いのか？
- 右の課題が学力調査でも指摘され続け、人々の実感としても指示待ち傾向や物事を深く考えることの弱さが叫ばれ続けているのはなぜなのか？

ここには、(後述するように) 学校教育だけではない学校外の人を育てる場と機能の低下も大きく関係していると思われますが、「改革」圧力のなかで、「新たな挑戦」と言

われるものが、一見効率的に見えて、実は効果的ではない方向に向かって展開される傾向が強まっていることも一因だと考えられます。

たとえば、(先述のように)コンピテンシーやアクティブ・ラーニングが強調されるなか、知識(基礎)を詰め込んだうえで、応用場面でアクティブにさせるという段階論が、政策文書や教育現場、あるいは一般ジャーナリズム等の語りにおいてしばしば見られます。しかし、それは実践的にも認知についての科学的研究の面でも問い直されてきたものです。

こうした段階論は、機械的に詰め込まれ得るものとして知識を情報化し、個別に取り出して直接的に訓練可能なものとして思考をスキル化するものといえます。しかし、知識を習得することは、コンピュータのように、断片化された情報をただ入力しておけばよいというものではありません。

学習者自身が、自らの生活経験や背景知識と新しく学ぶ内容とを関連づけ、意味を構成し、「なるほど、わかった!」と情動をも伴いながら納得(理解)**してこそ、忘れない**(記憶の保持:retention)**し、応用もきく**(転移:transfer)**ようになる**のです。しかも、人が力を発揮できるかどうかは、文脈(context)に大きく規定されており、文脈が違うと、もともともっている力を発揮できないし、学んだことも生かせません。

すなわち、学校での学習の文脈はあまりに生活の文脈とかけ離れすぎていて、学校の外では生きて働かない学校知学力を形成することになってしまっており、**知識・技能やスキルを学ぶにしても、それらを生かす必然性や学びの有意味性を重視する必要がある**のです（稲垣・波多野、1989／米国学術研究推進会議、2002）。

習得的な学びといっても、機械的な習得と理解を伴う習得とは異なります。計算技能のような要素的で比較的単純な技能（解ける・できる）ならドリル学習で学べますが、それは、数の量感覚や概念の意味理解（わかる）を保障するものではありません。むしろ、計算が苦手な子の背後には、位取りの原理などにかかわる意味理解のつまずきが隠れていることが多いのです。その点への配慮もなく、基礎はドリル学習だからＡＩ先生でもいいとしてしまえば、本当に学習に困難を抱える子を切り捨ててしまうことになりかねません。

また、基礎を固めてから応用という道筋だけでなく、知識・技能を使うことも含んだ有意味な活動に取り組むなかでこそ、知識のわかり直し、学び直し、定着が促されるという点にも目を向ける必要があるでしょう。

日本の教師たちの実践のなかには、「包」という漢字の字源を子どもたちが推理し、その成り立ちに見られる人間の感性や想いにも触れるような、基礎こそ豊かに学んでいく実践（今泉、２００２）、「サラ金をバイバイ変化メガネをかけて読む」など、指数関数を使って生活に潜むリスクを読み解く実践を通して、数学が苦手な生徒たちが数学と出会い直し、有意味性をもってそれを学び直していく実践（仲本、２００５）なども見つけることができます。

さらに、汎用的スキルは、文脈のないところでそれ自体を直接的に指導しても効果は望めません。自転車にうまく乗れている人の特徴を取り出してそれを教え込んだからといって、自転車に乗れるようにならないのと同じです。

米国でも思考スキルは、「内容に応じて選ばれるものであって、その逆ではない」と言われています（石井、２０２０ａ）。たとえば、批判的思考とは、規準（criteria）に基づく判断を意味し、判断の軸を形成する知識こそが本質であると主張されたり、揚げ足取りではない社会への姿勢や、思想としての批判性も含めて考える必要性が主張されたりしています。

思考する力を育てるには、深く思考することを繰り返すしかなく、そのためには、思考するに値する対象と思考する必然性を生み出すことが重要です。しかし、合理化やスマート化が進む今日、こうした回りくどさや手間を許容できず、結果を待てない傾向が強まっているように思います。「概念マップでノートに思考を可視化しよう」「発想力を鍛えるために、常に『なぜ？』と問おう」などといった、お手軽で一見それらしく見える一種の勉強法的な手法が、言葉や装いだけ変えて次々と提案されては消費されていく、こんなことが繰り返されているのです。

考える力や主体性など、人間の根っこにかかわる部分こそ手間暇が必要なのですが、それが合理的な介入対象とされ、一見便利にパッケージ化されることで、合理化・システム化されていない余白がなくなり、子どもたちは自分で学んだり考えたりするチャンスを失っています。その結果、皮肉なことに、生きて働かない思考力になってしまったり、正解やレールのないところで思考する経験の不足により、「与えられたことはやる」という規格化された主体性につながったりしていると考えられます。

学校ですべきこと、できることの再確認

ここで改めて、「コンピテンシー・ベース」や「新しい能力」の必要性が叫ばれる現在の状況の根っこにあるものを確認しておきたいと思います。

（ここまで述べてきたように）確かに、「知育偏重を改め、新しい能力を育成すべし」という語りは、歴史的に繰り返されてきたし、産業構造の変化に対応する経済政策的なもの

としての「新しい能力」論は、根拠や望ましさにおいて疑問もあるところです。しかし、現在、日本社会が、これまでとは質の違う社会変動にさらされており、子どもたちの生活環境や学校の置かれている状況などが大きな転換点を迎えていることは事実です。むしろ根っこにあるのは、学校と社会との間の境界線の引き直し、すなわち、学校の機能と役割の問い直しの要請です。

社会の複雑化や流動化により、またエンハンスメント④という名の人間改造すら行われつつあるなか、社会の人間に対する能力（有能性）要求は高まり続けています。加えて、家庭や地域共同体や働く場などが保持してきた人間形成機能が縮小していくなかで、社会からのむき出しの能力要求が学校に寄せられるようになり、教育という営みへの期待、および生産性や効率性への圧力は高まり続けています。

一方で、教育という営みの特殊性、および、その主な担い手である学校や教師の特権性はゆらいでいます。それは学校という場を、保護者や地域住民や専門家や社会人などのさまざまな人たちの参加に開かれた公共空間として構想していく可能性（市民社会との協働による「大きな学校」）があるとともに、「民間」の手法や考え方を取り入れて合理

〈注④〉病気の治療のために用いられてきた医療技術を転用し、健康な身体や精神の機能の向上（能力増強）のために用いる介入。

化・スマート化したり、学校以外の教育産業の提供する民間サービスにゆだねてスリム化したりしながら、学校や教育を産業の一部として商品化・市場化していくこと（市場に開放された「小さな学校」）も危惧されます。

いま問うべきは、新しい能力の要求以上に、これまで学校のみならず家庭や地域などで自ずと育っていた当たり前のラインが崩れつつあるという点であり、社会の側の人間形成機能の低下の問題にこそメスを入れる必要があります。

合理化や効率化は、社会全体を覆っている現象であって、そのなかで人が成長する場や間や余白が失われていっているように思います。

たとえば、いまや、変化の激しい社会に不安を感じる保護者たちは、安定を求めて、受験競争に有利な早期教育やパッケージ化された教育をより求めがちです。しかしそれは、皮肉なことに、同じようなバックグラウンドの子どもや家庭同士のつながりを強めるばかりで、異質な他者と交わる経験の弱さ、そして、学問を受験という競技の道具として、いわば筋トレの道具として学びがちで、大学に入った頃には学問を味わえないし、世の中への無関心を加速させているように思います。学校の外側の学びの場が学校以上に学校化して、スキルは形成できても人間的な成長を促せなくなっているのです。

変化が激しく予測不可能な社会と言われたりしますが、変化のベクトルを把握し、ある程度の見通しをもつことはできます。**変化の激しい社会だからこそ必要なのは、社会への関心であり、その社会との関係で自分のあり方を考えていく経験**なのです。

いまやマスコミ自体がワイドショー化して、社会問題の見方や議論の仕方を学ぶ機会が少なくなっているなかで、成熟した大人（市民）に向けての教育を考えていくことが特に重要です。そのためには、これまで日本で十分に展開されてこなかった、学校での市民性教育はもちろん、それ以上に、地域等で、職業体験や奉仕体験にとどまらない、市民活動への参加や社会的な経験の機会を、若者を巻き込みつつ充実させていくことが必要でしょう。

そうして、学校外の子どもの生活環境や発達環境全体を、より人間的で真に学びを促すものにしていく努力を進める一方で、学校教育については、改めて学校の強みを確認していく作業が必要です。

（ここまで述べてきたように）人材育成重視のコンピテンシーという発想や、学び方重視の汎用的スキルやアクティブ・ラーニングによる目新しい実践の追求は、教育の市場化や経済効率、便利さを追求する流れのなかに置かれるとき、人材育成という当初の目的すら達せられないでしょう。

日常生活との連続線上に学校があるなら学校はいらないし、いまの社会に適応する実用的な学びのみでは、即戦力やただ生き延びる力にはなっても、伸びしろのある真に実践的な力や、変化する社会をしたたかに生き抜きながら、人間らしく、自分らしく豊かに生きていく、社会をつくりかえていく可能性にはつながりません。**実用や便利さや効率性の外側にある、手間や回り道の意味に注目してこそ、社会に踊らされない、人間としての軸が形成される**のです。

歴史的にも、実用性が強調されるとき、一般教育や教養の重要性が提起されてきました。現在、諸外国においては、コンピテンシー・ベースの改革への対抗軸として、教養や総合知の重要性が提起されています（久田、２０１３／石井、２０２０ｂ）。特に、社会の変化が、人間が育つ環境を崩す方向で作用している現状においては、その社会の支配的な価値に対する逆価値を追求することも必要です。

（第２章以降に示される）過去の教育実践の遺産のなかには、そうした手間や回り道やつながりを生かしながら、子どもたちを伸ばしていった教師たちの仕事ぶりを見いだすことができるでしょう。

「足元の具体的経験や生活から学び、そこで自分の視野の狭さに気づく経験」
「子どもだましでない嘘くさくないホンモノの面白さを経験しながら、ときに先達の追求の厚みに圧倒され、自らの非力を感じながら、力をつけていく経験」

こうした真正（ホンモノ）の学び（authentic learning）には、挑戦や試行錯誤や失敗がつきものです。家庭や地域や社会が、教師や学校、そして子どもたちをもう少し信頼し、それぞれの挑戦を見守ることが肝要です。

そうして子どもたちが人間として成熟するにつれて、敷かれたレールをたどる指示待ち状態も克服されてくるでしょうし、視座の高まりや人間的成長は、認識の深化をもたらし、結果として、進路保障にもつながることでしょう。

人が育つということのイメージが、短視眼的で表層的なスキル形成へと矮小化されるなかで、人とのつながりや場のなかでじわじわと、そしてときに劇的に生じる認識の転換や、人間的成長にこそ目を向け、「働き方改革」も叫ばれている折、学校や自分たちは目の前の子どもたちのために何をなすべきか、何を捨ててはいけないかを議論していくことが必要でしょう。

（石井英真）

〈引用・参考文献〉

●石井英真（2015）『今求められる学力と学びとは』日本標準
●石井英真（2017）『中教審「答申」を読み解く』日本標準
●石井英真（2020a）『再増補版・現代アメリカにおける学力形成論の展開』東信堂

●石井英真（2020b）「カリキュラムと評価の改革の世界的標準化と対抗軸の模索」／広瀬裕子編『グローバル化社会における教師・学校・統治』世織書房
●稲垣佳代子・波多野誼余夫（1989）『人はいかに学ぶか』中央公論新社
●今泉博（2002）『集中が生まれる授業』学陽書房
●木村元（2015）『学校の戦後史』岩波書店
●経済産業省（2019）『「未来の教室」とEdTech研究会第2次提言』
●スティグラー、J．W．＆ヒーバート、J．（2002）『日本の算数・数学教育に学べ』（湊三郎訳）教育出版
●中内敏夫（1983）『学力とは何か』岩波書店
●中村高康（2018）『暴走する能力主義』筑摩書房
●仲本正夫（2005）『新・学力への挑戦』かもがわ出版
●仁平典宏（2019）「教育社会学―アクティベーション的転回とその外部」下司晶他編『教育学年報11教育研究の新章』世織書房
●久田敏彦監修・ドイツ教授学研究会編（2013）『PISA後の教育をどうとらえるか』八千代出版
●米国学術研究推進会議（2002）『授業を変える』（森敏昭他監訳）北大路書房
●本田由紀（2020）『教育は何を評価してきたのか』岩波書店
●松下佳代編著（2010）『〈新しい能力〉は教育を変えるか』ミネルヴァ書房
●ライチェン、D．S．＆サルガニク、L．H．（2006）『キー・コンピテンシー』（立田慶裕監訳）明石書店

第2章
個別化・個性化された学び
―「未来の学校」への道筋になりうるか

「ナンバーワンよりオンリーワン」「自分だけのカスタマイズを」…スーツや枕にとどまらず、ファストファッションブランドでさえオーダーメイドによるシャツやジャケットの販売に取り組みはじめた現代、多くの人にあてはまる「フリーサイズ」志向から個々人の興味や嗜好に応じた「オーダーメイド」志向への転換は、様々な領域で広がりつつあります。

教育の世界でも、「オーダーメイド」を求める機運は決して無縁のものではありません。近年では、学校における学習を個々人に最適化した形で提供しようとする動向が強く打ち出されてきています。学習の「個別最適化」と聞けば、きっと多くの人が「それが果たされるならば、どんなに素晴らしいことか」と考えるのではないでしょうか。

しかしながら、学習を個々人に応じて個別化・個性化していこうとする提案は決して最近はじまったものではなく、長い歴史のなかで繰り返し議論や実践が積み重ねられてきたものです。

果たして、学習の個別化・個性化とは何を意味しており、何がめざされているのでしょうか？　過去の取組を振り返ってみたとき、現在の動向に対してどのような問題と展望を見いだすことができるでしょうか？

個別化・個性化をめぐる動向―「一斉授業からの脱却」という神話

1 「未来の学校」のキーワードとしての「個別最適化（アダプティブ・ラーニング）」

まずは、教育政策レベルでの個別化・個性化の動向から見てみましょう。

２０１８年に出された文部科学省「Society5.0に向けた人材育成―社会が変わる、学びが変わる―」（平成30年6月5日）は、今後取り組むべき教育政策の方向性として「公正に個別最適化された学び」を取りあげています。また、経済産業省「『未来の教室』ビジョン第２次提言」（２０１９年６月）も、「令和の教育改革」の三つの柱の一つとして「学びの自立化・個別最適化」を提言しています。

この二つの政策的文書は、以下のように、これからの学校における学びの方向性を指し示しています。

「Society5.0における学校は、一斉一律の授業スタイルの限界から抜け出し、読解力等の基盤的学力を確実に習得させつつ、個人の進度や能力、関心に応じた学びの場となることが可能となる」

（文科省２０１８年８月）

「『学びの自立化・個別最適化』とは、子ども達一人ひとりの個性や特徴、そして興味関心や学習の到達度も異なることを前提にして、各自にとって最適で自律的な学習機会を提供していくことである。そのためには、AI（人口知能）やデータの力を借りて、子ども達一人ひとりに適した多様な学習方法を見出し、従来の一律・一斉・一方向型の授業から、EdTechを用いた自学自習と学び合いへと学び方の重心を移すべきである」

（経産省2019年3月）

両提言を並べてみれば、ほとんど同様の方向性が打ち出されていることが見て取れます。両提言に共通する点として次の点が挙げられるでしょう。

①従来の学校教育は、「一律・一斉・一方向」なものであり、その「成功体験が神話のように根強く残り、それが強い慣性として働いている」（経産省2019年11月）ことが、授業の改善を妨げているという現状認識があります。そこでは単に授業の形態の問題を超えて、飛び入学や早期卒業といった学校制度レベルまで含めて個々人が自分のニーズや能力に応じて学習を進めていくことが提言されています。

②このような個別最適化を求める理由として、不登校、外国籍の子ども、障害のある子ど

も、ギフテッド（特別な才能を有した子ども）を引き合いに出していることです。つまり、教室の中に存在する多様な子ども達のニーズに丁寧に対応し、社会的な公正を保障するためには、一人ひとりに応じた学びこそが必要だと提言されています。

しかしながら、学校教育において一人ひとりの子どものニーズや能力に応じるということは可能なのでしょうか？　そこで第三の共通点として、以下が挙げられます。

③ＡＩやビッグデータを含むEdtech（エドテック：EducationとTechnologyを掛け合わせた造語）の積極的な活用を推奨していることです。

たとえば、千代田区立麹町中学校では、「未来の教室」実証事業の一環としてＡＩ型タブレット教材「Qubena（キュビナ）」を活用した教科学習を行っているとされます。子どもたちがタブレット上に出題される問題に手書き（タッチペン）で回答を記入すると、自動で正誤判定が示されます。問題を間違えた場合は、間違いの原因をＡＩが解析し、その生徒が解くべき問題へと誘導したり、アニメーションを使った解説・ヒントを出すことで、子どもたちは自学自習を進めていきます。個人で進めるか、他の子どもと話し合うかについても子どもに委ねられており、教師は教師用の端末に示された子どもの学習状況を見ながら個別的に指導を行っていきます。

このように、テクノロジーを用いながら一人ひとりにオーダーメイド化された学習を提供しようとする試みは、「アダプティブ・ラーニング（adaptive learning）」とも呼ばれ、学校で教室に集まった子どもたちが同じ課題に同じ進度で取り組んでいく学校教育のあり方に再考を迫っています。

2 イエナプラン・ブーム

教育の個別化を求める動きは、教育政策上だけでなく、現実的な学校改革としても展開されています。とりわけ近年注目を集めているものとして、イエナプランが挙げられるでしょう。

イエナプランとは、ペーター・ペーターゼン（Peter Petersen: 1884-1952）が20世紀初頭のドイツにおいて、イエナ大学附属学校を舞台に行った一連の学校改革を指します。イエナ大学附属学校の学校改革自体は、１９５０年の閉鎖命令とともに終了しましたが、その後もイエナプランを標榜する学校は広がりを見せ、今日でもドイツにおいて50校以上のイエナプラン学校が存在しているとされます。

このイエナプランの、日本におけるブームの直接的なきっかけは、ドイツではなく、1970年代以降オランダで進んできたイエナプランの拡大でした。オランダでイエナプラン教育について学んできたリヒテルズ直子による紹介をきっかけに、2000年代後半から2010年代にかけて、日本でもイエナプランへの注目が高まっていったわけです。

そして遂に、2019年4月、大日向小学校（長野県南佐久群）が、私立のイエナプラン・スクールとして開校しました。さらに、2022年度には、広島県福山市立常石小学校が、日本初の公立のイエナプラン・スクールとして開校することが予定されるなど、イエナプランは日本でもオルタナティブな学校構想としての位置づけを獲得しつつあります。

それでは具体的に、イエナプランではどのような教育実践が行われるのでしょうか。イエナプランは、授業のみならず、学級編制、時間割、教室空間の構成まで含めた包括的な学校改革の構想です。まずイエナプランの大きな特徴は、年齢の違う子ども（およそ3学年）をひとまとめにして、学級を編制する異年齢学級制度に見て取れます。子どもは、同じ担任教師の同じ教室に3年間とどまることになり、最上級学年は次のグループへと進学した後、新たに最下級学年の子どもがグループに入ってきます。

三つの学年が混在する異年齢学級では、子どもたち同士のなかで、自然に教える／教えられる、助ける／助けられるといった関係が生じるとともに、子ども同士による競争を軽減し、「できる子／できない子」というレッテル貼りを避けることが期待されます。

しかしながら、日本の学級教育に慣れ親しんだ私たちにとっては、異年齢学級のなかで、どのように授業が展開されるのかはイメージしづらいと思われます。

次の引用はイエナプラン・スクールにおける学習の様子をイメージすることを助けてくれるでしょう。

イエナプラン教育でも、子ども達の課題はそれぞれの進度によって決まり、自分がその週に達成すべき課題に対して、自分で必要な時間や順序を考えながら計画し、責任をもって達成していきます。教材は、可能な限り自分で読んで理解し、練習問題も自分で答え合わせができるものを使います。

…多様な教材があること、またそれを自由に選べることは、ですから、個別の発達に対する刺激と支援にとって欠くことができないものなのです。（リヒテルズ、２０１６年）

イエナプランの推進者は、これまでの画一・一斉授業は、平均的な子どもを想定して行われており、「個々の子どもの発達のテンポやニーズに応じられない」という問題を抱えていると指摘します。それに対して、イエナプランでは、一人ひとりの子どもが自らに合った、自分なりのやり方で学習を進めていくことが求められます。その際、教師は新しい知識や技能を伝達するティーチャーとしての役割ではなく、必要に応じて子どもの相談に乗ったり、支援を行ったりする役割を期待されることになります。

Society5.0を視野に入れた個別最適化とイエナプランにおける個別学習は、その背景とする理念もイメージする学校の姿も同一ではありません。しかし、いずれも現在の学校教育が、同じ年齢の子どもが集まる学年制という制度的制約に縛られた「画一・一斉」なものであり、それが子ども一人一人のニーズに対応することを阻害したり、「落ちこぼれ」を生み出しているという前提から出発している点、その代案として学習を個々に応じた自立的なものとしていこうという点では共通しています[①]。

〈注①〉より正確に言えば、両者は共通しているだけでなく、合流しつつあるといったほうがよいでしょう。たとえば、いち早く個別最適化の動向に応答した広島県教育委員会は「個別最適な学び担当」課を新設し、そのホームページ上で「全ての児童生徒の『主体的な学び』を実現するため、『Society5.0に向けた人材育成』に示された新たな学校の姿と親和性のある『イエナプラン教育』(中略―註：引用者) などを参考として、個別の状況に応じたカリキュラムの在り方」(広島県教育委員会ＨＰ) について調査研究を進めるなど、個別最適化とイエナプランを結びつけて教育改革にあたっています。

確かに、旧来の硬直した学校教育を打破して、一人ひとりに応じた学びを保障する「未来の教室」を実現するというコンセプトは、魅力的なものとして我々の耳には響いてきます。

「個別化・個性化」という理想の〝前提〟〝内実〟〝裏側〟を問う

しかしながら、教育における個別化・個性化の主張は、決して目新しいものではありません。集団を対象に教育をする人であれば、教育学の専門的な知見などなくとも、誰もが思い至る教育改善のアプローチでもあります。

たとえば、古代ローマの弁論家クインティリアヌス（Marcus Fabius Quintilianus）は、その著書『弁論家の教育』において、すでに古代において個々人の特性に応じて教えることが理想的な教育だという見方が一般的なものであったことを示しています（クインティリアヌス、1981［95―96？］年：149頁）。

また、19世紀後半にかけて学年制学級をもつ学校が拡大するなかで、学校教育の画一化や没個性化を批判し、個別化・個性化の必要性を強く訴えたのが新教育運動でした[②]。

新教育運動を起点として、少なく見積もってみても、画一的な教育に対する個別化・個性化の要求は100年以上繰り返されてきており、度々に流行を迎えながら「麻薬のような働き」（宮本、2005：iii頁）で、私たちに「旧い教育」の打破を誘いかけてきます。

そこで、定期的にリバイバルしてくる個別化・個性化をめぐる議論を参考にしながら、今日の動向を検討していきます。

1 「画一」「一方向」「一律」一斉授業という前提の妥当性

まず検討すべきは、「現在の日本の教育が画一的であり、その打破が急務である」という議論の出発点そのものの妥当性です。

個別化・個性化を推奨する立場からは、「日本の教育は画一・一斉授業である」というテーゼが共通認識かのように提示されますが、その際、「画一的である」と判断する根拠は、もはや説明するまでもないといった形でほとんど挙げられません。仮に挙げら

〈注②〉新教育運動とは、19世紀末から20世紀初頭頃に世界的に流行した教育改革の運動です。旧来の教育が画一的で教師中心的であったことを批判して、「子ども中心主義」の学校改革を進めたものであり、本章で取り扱うイエナプランもその一つに数えられています。イエナプラン以外にもドルトンプランやウィネトカプランと呼ばれるような、子どもの個性や自主性を重視した学校改革が存在しています。また日本でも大正自由教育といった名称で展開され、後々の日本の教育に大きな影響を与えました。

れても、そのほとんどは、個人的な経験談（「私の見た教室では～」）、一般化された教室の風景（「日本の教室では～」）が引き合いに出され、海外の先進的事例との対比（「先進国では一斉授業は博物館入りしている」等）のなかで、一斉授業が〈古い／伝統的〉なものであり、それを打破する個別化やプロジェクト型の学習が〈新しい／先進的〉なものとして際立たされます。

さらに、ただの一斉授業を問題とするのではなく、「一斉・一律・一方向」や「画一・一斉」といった形で、否定的なラベルが貼りつけられることで、その印象が一層強められることになります（ここで、いま一度冒頭の政策提言を見直してもらえるとよいでしょう）。そして、「画一的な」一斉授業が、いじめ、不登校、学級崩壊の温床となっており、子どもたちの自立的な学びや個性の伸長を妨げているという図式が安易に語られてきました。

果たして、本当に日本の教育は、改革論者が推奨するように（そして、私たち自身が思い込んでいるほどに）画一的で一方向的なのでしょうか？　この問題を考える際に、イギリスの教育研究者ルーシー・クレハン（Lucy Crehan）による様々な国々へのフィールドワークが興味深い視座を与えてくれます。

クレハンは、日本の授業が、必要な知識を子どもに提示することと、問題を生徒が自力で解決する余地を与えることの微妙なバランスで成立していると分析します。こうした授業を成立させる日本の教師は、「一つの決まったやり方がどんな状況でもいちばんだと考えるのではなく、たくさんの教え方のレパートリーを持っていて、定めた目標を達成するために、授業内容を入念に選んでいく」（クレハン、2017年：114頁）技量をもっているのだと高く評価されています。

さらに言えば、日本の教師は、能力別クラスに編制するのではなく、すべての子どもが同じだけの潜在能力をもち、同じように学校でよい成績を出せると信じている点に注目し、そのことが学力に対する親の社会経済的地位の影響の低さにつながっているのではないかと推察しています。

クレハンによる日本の教育への評価は、過度に賞賛している部分もないわけではないのですが、日本の教育が旧態依然の〈古い〉教育だと断定することに一旦の保留を要請することになるでしょう。

同書の解説で、教育社会学者の苅谷剛彦も指摘するように、「こうした（＝日本の学校に対する―注：引用者）見方・見え方のズレは、ある種の教え方や学び方を、そのうわべだけ見て否定し、それとは反対のやり方を改革と称して導入しようとする日本の教育政策に疑問（何を問題と見るか、何がうまくっていて、何がうまくいかないのか）を提示」（苅谷、

２０１７年：３１９、３２０頁）してくれます。

本章に引きつけて言えば、**「ある種の教え方や学び方」＝一斉授業であり、「それとは反対のやり方」＝個別最適化、個別化にあてはまる**ことになるでしょう。

ここで主張したいのは、現在の教育のあり方に問題がないというわけでも、個別化よりも一斉授業のほうが優れているということでもありません。問題となるのは、新しい教育の方法や形態のよさを強調するために、これまでの取組や現状を踏み台にしてしまう議論のあり方です。

ことさらこのような指摘を待つまでもなく、日本の教師たちは一斉に教えることを授業の中心に据えながら、グループ学習や個別学習といった多様な学習形態との交互転換のなかで「画一的でない」一斉授業のあり方を模索してきました。

たとえば、１９９０年代以降の「個性尊重」や「指導から支援へ」といった機運が、日本の伝統的な一斉授業の技術を衰退させていったことを危惧し、「一斉授業の復権」を説いた小学校教師・久保齋は、日本における一斉授業の本質を〝個と集団の双方が位置づけられている〟ことに見いだしています。

つまり、日本の一斉授業は、教師からの指示・発問に対して「自分と教材だけが頼りの世界」をつくりだすこと（凛々しい個別化）と、自分だけで出した結論をもとに集団のなかでお互いの意見をめぐって議論すること（ゆたかな交流）を通して、より深い認識へと到達させようとする試みであり、一人ひとりの子どもの違いや一人で考えることを無視するものではないということです（久保、２００５年：39頁）。

このように、教師の問いかけを軸としながら、一人ひとりが思考しつつ、学級全体ないしは小集団のなかで、互いの考えを交流しながら学びを深めていく授業は、「練り上げ型授業」（石井、２０１７年：41頁）とも呼ばれ、日本の授業実践の一つの遺産として評価されてきました。

また、日本の教育実践においては、一斉指導のなかでも一人ひとりの子どもを「見る」ことの重要性が認識されてきたことも指摘しておきたいと思います。

たとえば、中学校教師であった大西忠治は、子どものほうを見ていても、子どもの顔の上を流れ続けるような視線を〈流れる視線〉と呼び、それでは子どもをとらえることはできないと説いています。子どもの表情や身体的な応答からその心のうごきをつかみながら授業をしていくためには、子どもたち一人ひとりをしっかりととらえていく視線に変えていくことが、教師の職業的訓練の一つであると述べているのです（大西、１９８７年：29、30頁）。

「まなざしの共有」「目と目の握手」など、教壇に立ったことがある人であれば、一斉場面のなかでも、子ども一人ひとりを「見る」ことの重要性と難しさを実感したことがあるでしょう。こうした**日本の教育実践の遺産は、個別化・個性化が単なる学習形態の問題なのではなく、一人ひとりの子どもをどのようにとらえるのかという、教師の子ども理解の問題としてもとらえられなければならない**ことを問題提起してくれます。

2 個別化・個性化された学びの多様性と難しさ

前項において一斉授業の多様性が示されたのと同様に、個別化・個性化に対してもその多様性をとらえるまなざしが必要となります。教育の個別化・個性化は、その魅力的な響きとは裏腹に、具体的な実践場面を考えていくと様々な難しさにつきあたります。その最たる課題としては、個の何に応じるのか、そして誰が決めるのかという問題です。

一口に、個別化といっても、量的な差異（習熟度や学習の進度など）に応じるのか、質的な差異（興味・関心や学習スタイルなど）に応じるのか、授業のねらいや内容も個別化していくのか、あるいは授業のねらいや内容は共通のまま、指導方法や学習形態を個別化していくのか、個々人にあった方法を決めるのは、教師か、学習者自身か、それともAIかなど、複雑な視点が交錯するなかで構想せざるを得ません。

たとえば、量的な違い、つまり学習の個人差に対応することに主眼を置くならば、習熟度別の課題を与えたり、学習プリントを子どもがそれぞれ自分の進度で進めていくような学習が想定されるでしょう。しかし、そうした学習を進めるにしても、子どもの学習進度に大きな開きが出た場合にどう対応するのか、あるいは学習進度に差が出ることは仕方ないことだと開き直るのか、という決断に迫られます。

また逆に、子どもの間の質的な違いに目を向けて、学習の個性化に主眼を置くならば、子ども自身がそれぞれ自分の興味に応じて、学習する内容や学習の進め方を選びとったり、創り出したりするような選択型・創造型の個別学習を行うことになります。ただし、その際、公教育として子どもが学ぶべき共通教養はどのように保証されることになるのか、子どもが興味をもったことをどのように学びへとつなげていくのか、といった問題が生じてくることになるでしょう。

一口に個別化・個性化といってみても、そこで示される内実は様々です。いや様々であるどころか、量的な違いへの対応が、結局のところパターン化されたプログラムをそれぞれのペースで進めていくことになれば、それは学習の個性化と矛盾するという事態さえ引き起こしうるのです。

冒頭にあげた二つの流行についても、イエナプランでは基本的に「子どもにとっての学びやすさ」を優先にした、子どもの自己決定に重きを置く学習の個性化が図られているのに対して、**政策提言における「個別最適化」では、「基盤的学力の確実な習得」や「理解度・達成度」を基準として、効率性と効果性に重きを置いた個別化を図ろうとしているといえる**でしょう。

さらに近年では、アダプティブ・ラーニングやパーソナライズド・ラーニング（personalized learning）など、外来語とともに関連するカテゴリーが多数輸入されてきており、いっそう混迷した状況を生み出しています。

こうした用語の不確かさは、個別化・個性化を冷静に議論することを難しくします。それぞれがイメージする**個別化・個性化のイメージが多義的であるがゆえに、議論がかみあわないという事態を生み出し得る**のです。

3　個別化・個性化への過剰期待に潜むリスク

その実現の難しさ以前に、そもそも教育の個別化・個性化こそが、伝統的な教育を打破する理想のコンセプトだととらえられることについても、冷静なまなざしが必要となります。

1990年代以降、政策レベルで進められてきた「個性」「主体性」重視の教育観（いわゆる「ゆとり教育」路線）に対して投げかけられてきた批判は、次のようにまとめられるでしょう（苅谷、2001年：176〜180頁）。

「個性尊重」と「生きる力」の育成を目標に掲げる教育改革のプランは、「自ら学び、自ら考える」個人、「主体的・自律的」に行動できる個人を育てることを目指して、学ぶ意欲や興味・関心を育てることを重視した。そのような個人は、自らの将来展望を自らの力でデザインするとともに、その結果を自ら引き受ける「強い個人」であり、その前提には個人の行為の結果を自己責任に帰することがあらかじめ前提とされている。個性尊重の理念のもとに、自己責任・自己選択が教育の世界にもち込まれることで、出身階層の間の格差をいっそう拡大させるとともに、「できないのも個性」「学力ばかりが重要でない」という言葉で、格差の拡大を正当化するメカニズムが働く…と。

「ゆとり教育」の時期に展開された「個性尊重」という理念がその背後にもってきた自己責任的な人間・社会のイメージは、現在、政策レベルで展開されている「個別最適化」の議論においても同様に（あるいは「ゆとり教育」期以上に）あてはまります。

たとえば、経済産業省「未来の教室」提言は、これから求められる人材を「チェンジ・メイカー」と名づけ、そこで求められる力を「50センチ革命」（現状に満足せず変化に向けて踏み出すこと）、「越境」（従来の分野や組織を超えて協働すること）、「試行錯誤」（失敗を恐れず挑戦し、次の一歩に挑戦し続けること）と提案しています。

ここで挙げられている人間像は、自己投資としての教育を受けながら、積極的にリスクと責任を引き受け、物質的・金銭的な報酬を超えて自己実現の可能性を希求していくような「強い個人」のあり方（起業家的な人間像）です。

イエナプランに代表されるような人間中心・子ども中心の立場から個別化・個性化を訴えてきた論者たちからは、「我々には上記のような指摘はあてはまらない」という回答があるかもしれません。しかしながら、人間中心・子ども中心を標榜する学校改革構想もまた、教育における自己責任論の引き受けに積極的な役割を果たしてきたことは否定できないのです。

実践レベルで個別化・個性化の実現に取り組んできた論者たちがもっていた教育的な価値は、それが（当人たちにとっては、ヒューマニズムと善意に基づいて構想されていったものであったとしても）教育・経済政策にとって都合のよい論理へと読み替えられていった経緯があります。

たとえば、「子どもの個性や創造の重視」は新商品の開発やビジネス立ち上げ能力へ、

「教育における自由や自己決定の尊重」は学校選択制や自己責任論に、「学力だけでなく人間一般としての諸能力の発達を求める声」は、コンピテンシーや資質・能力（コミュニケーション力や問題解決力など）の育成に紐づけられていったように…。

こうした経緯を見ると、ペーターゼンが取り組んだ元祖イエナプランも、共同体による教育の重要性を強調したがゆえに、結果としてナチズムによって政策的に利用されていったことも想起せずにはいられません。

これらの指摘をもって、個別化・個性化論者がその裏でよからぬことを企んでいると言いたいわけではありません。**重要なことは、教育の社会的公正、学力形成、インクルーシブ教育の実現などの今日的課題に対して、ほとんど唯一の回答かのように個別化・個性化が扱われ、万能の処方として「マジックワード」化しつつあることに、懐疑的なまなざしをもつこと**です。

個別化・個性化をめぐる議論は、画一・一斉から個別化・個性化へといった単純な図式だけでは考えることはできません。個別化・個性化が一つの教育方法であるならば、それは必ず功罪をあわせもつことになります。いや、功罪だけでなく、最後に見たように「功」に見える部分の裏側にこそ、危うさが潜んでいることさえあるでしょう。

「地獄への道は、善意で敷き詰められている」…そうした事態にならないように、個別化・個性化のねらいや方法について地に足をつけて考えることを大事にしたいと思います。

理想化を超えつつ、あらためて教育の原点として…

本章では、個別化・個性化の流行を冷静に見つめるべく、批判的なまなざしを向けてきましたが、それがそのまま現在の学校教育の姿を肯定することにはなりません。一人ひとりの子どもの違いを意識しながら展開されてきたこれまでの一斉授業においても、授業の最後には結果として教師が期待する同一の答えに収斂することが期待されてきたのではないかという批判的な指摘（久田、２０１７年）、あるいは「練り上げ型授業」を支えてきた土台（まとまりのある学級集団や教師間での授業技術の伝承など）が崩れつつあるとの指摘（石井、２０１７年）も踏まえれば、これまで日本の教師たちが積み重ねてきた創造的な一斉授業の技法を継承しつつも、個別化・個性化論のもつ可能性を吟味し、これまでの教育のあり方を問い直していくことは決して無益なことではないでしょう。

その際、まず重要となるのは個別化・個性化を形態の問題に限定してとらえないということです。

一斉授業や集団主義との対比のなかで個別化・個性化を論じるとき、どうしても私たちのまなざしは形態をどう変えるのかという見えやすい部分に向けられがちです。イエナプランにしてみても、異年齢学級、時間割や教室空間の改変、自立的に進められる個別学習といったシステム面に光が当たりがちです。それに対してリヒテルズ直子は、次のように警鐘を鳴らしています。

「イエナプラン教育はメソッド（方法）ではありません。授業でどんな教授技術を使えばよいかをまとめたものではないのです。イエナプラン教育は、一人ひとりの子をその子らしく最大限の可能性を引き出して育てることを目指した子育てのビジョンであり、人々がお互いを尊重して生きる共生社会を学校共同体として具現化しようとしたものです」

（リヒテルズ、２０１９年：３頁）

イエナプランで実際に展開されるシステムの背景には、たとえば「オランダ・イエナプラン20の原則」と呼ばれる人間・社会・学校についての理念が存在しています。個別化・個性化にかかわっていえば、次のような原則が挙げられるでしょう。

- どんな人も、世界にたった一人しかいない人です。
- どの人も自分らしく成長していく権利をもっています。
- どの人も、いつも、その人だけに独特のひとまとまりの人格をもった人間として受け入れられ、出来る限りそれに応じて待遇され、話しかけられなければなりません。

教育の方法やシステムは、思想やビジョンのもとで機能します。こうしたビジョンをふまえ、教師の教育観や子ども観が変わらない限りは、**表面的にはイエナプランのような形式をとったとしても、画一的に個別学習を行う状況は生まれうる**のです。

逆説的に言えば、異年齢学級の編制や時間割の改変といったシステム自体は実現不可能だったとしても、一人ひとりの子どもが自らの学習について考え、意見を述べる権利をもつことが可能となるような学校や教室をつくり出していくという課題は、通常の学校・学級で展開される授業のなかでも追究されなければなりません。とりわけ、教室内の子どもの多様性への対応が一層重要な課題となる今日、一人ひとりの子どもの学びを尊重しながら学級での授業を成立させることの道筋を丁寧にデザインしていくことが重要な課題となるのではないでしょうか。

またもう一つには、「教師が指導すること」の問い直しです。

個別化・個性化を標榜するとき、教師の役割は、「指導から支援へ」「ティーチャーからファシリテーターへ」といった形で極力後景に退くことが望ましいと考えられやすいといえます。

しかしながら、素朴な自発性信仰は、必ずしも子どもの主体的な学びを生み出すとは限りません。むしろ、子どもたちが自然と「学ばずにはいられない」学習環境をどのようにつくりだしていくか、あるいは、そのような主題と子どもとを出合わせていくのか、という点について、一層入念な「指導」が教師には求められることになります。そこでは、**教師による管理を排して子どもを自由へと解き放つという単純な二分論ではなく、むしろ学習環境の設計という形で**（直接的な教師の指導以上に）**間接的な教師の指導性が強く機能する**のです。

この点とかかわって、教師中心主義の批判者であった、イエナプランの祖ペーターゼンが授業の指導論（Führungslehre）にこだわっていたことは想起されてよいでしょう。

ペーターゼンは、「授業の指導」と「授業における指導」とを区別し、授業のなかで直接的に子どもに問いかけたり介入したりする「授業のなかでの指導」と並んで、子どもたちが問いをもち、探求したり、学習に促されたりするような状況をつくり出すための教師の働きかけを「授業の指導」と定式化し、教室空間の設備、子どものグループ編成、週間活動計画などの教師が前もって学習が生じやすい環境（教育的状況）を構成することの重要性を説いています。

学級における一斉指導場面では、どうしても教師の指導性は、指示、発問、評価、説明といった形で、子どもたちへの直接的な働きかけとなりやすいのです。しかし、個別化・個性化を実現させようとする取組は、教師が全員の学習を同時に管理できないがゆえに、放っておいても子どもたちが学べるような環境づくりに苦心せざるを得ません。そこでは、「指導をなくす」ことではなく、教師の指導のあり方が広くゆたかにとらえ直されているといえるでしょう。

なにもこうした発想は、個別化・個性化に取り組む「意識の高い」学校だけに見られるものではありません。幼児教育や特別支援教育では環境構成の重要性が認識されてきましたし、複式学級（小規模校などに見られる二学年を一つの教室にまとめ一人の教師が教えるシステム）でも、学習の進め方を明示化した学習カード等の手法で行われてきたことです。

いままでの一斉授業を踏み台にして、個別化・個性化という新しい教育に踏み出すという考え方、個別化・個性化と一斉授業をバランスよく行うといった折衷的な考え方ではなくて、両者をかけあわせていくような生産的な関係のあり方を模索する余地はまだまだ残されているのではないでしょうか。

（熊井将太）

〈参考文献・URL〉

●ルーシー・クレハン著、橋川史訳、苅谷剛彦解説（2017）『日本の15歳はなぜ学力が高いのか―5つの教育大国に学ぶ成功の秘密―』早川書房

●広島県教育委員会HP「個別の状況に応じたカリキュラムの調査研究」https://www.pref.hiroshima.lg.jp/site/kyouiku17/kobetu.html（2019年12月10日）

●久田敏彦（2014）「学習集団論からみた『学びの共同体』論の課題」日本教育方法学会編『教育方法43 授業研究と校内研修』図書文化

●石井英真（2017）「資質・能力ベースのカリキュラム改革と教科指導の課題」日本教育方法学会編『教育方法46 学習指導要領の改訂に関する教育方法学的検討―「資質・能力」と「教科の本質」をめぐって―』図書文化

●苅谷剛彦（2001）『階層化日本と教育危機―不平等再生産から意欲格差社会へ―』有信堂高文社

●苅谷剛彦（2017）「解説 教育の旅行記」ルーシー・クレハン著、橋川史訳、苅谷剛彦解説『日本の15歳はなぜ学力が高いのか―5つの教育大国に学ぶ成功の秘密―』早川書房

●経済産業省「未来の教室」とEdTech研究会（2019）「『未来の教室』ビジョン 第二次提言」（2019年6月）
https://www.meti.go.jp/shingikai/mono_info_service/mirai_kyoshitsu/pdf/20190625_report.pdf
（2019年9月23日）

●久保齋（2005）『一斉授業の復権』子どもの未来社

●宮本健市郎（２００５）『アメリカ進歩主義教授理論の形成過程―教育における個性尊重とは何を意味してきたか』東信堂

●文部科学省（２０１８）「Society5.0に向けた人材育成―社会が変わる、学びが変わる―」（平成30年6月5日）
http://www.mext.go.jp/component/a_menu/other/detail/__icsFiles/afieldfile/2018/06/06/1405844_002.pdf（２０１９年9月23日）

●Petersen, P. (1937): Führungslehre des Unterrichts. Beltz, Langensalza

●クインティリアヌス著、小林博英訳（１９８１）『弁論家の教育』明治図書

●リヒテルズ直子（２０１６）「オランダの教育は今」リヒテルズ直子、苫野一徳『公教育をイチから考えよう』日本評論社

●リヒテルズ直子（２０１９）『今こそ日本の学校に！イエナプラン実践ガイドブック』教育開発研究所

第3章

対話的・協同的な学び

―新しい知と文化が生まれる学校を目指して

一方通行の授業？
対話も深さもない「期待どおり」の話し合い？

日本の授業は「（教師から子どもへと）一方向的」と言われ続け、改革の必要性が叫ばれ続けてきました。アクティブ・ラーニングの語の流行もその表れです。大きなきっかけとなったのは、中央教育審議会教育課程企画特別部会論点整理（２０１５年８月、以下「論点整理」と略）でしょう。

学習指導要領改訂の視点の一つとして、「アクティブ・ラーニングの視点からの不断の授業改善」が記され、改革の方向が明確化されました。これを受けた学習指導要領では、アクティブ・ラーニングの語に代わって、主体的・対話的で深い学びの語を打ち出しました（なお、説明文書では、「主体的・対話的で深い学び」（アクティブ・ラーニング）と、この二つの用語をセットで記載しているものも多く見られます）。

こうした活動的な学びを通じて期待されているものは、単なる知識の獲得ではありません。近年論じられている能力論においては、①基本的な認知能力（３R's、基本的な知識、スキルなど）にとどまらず、②高次の認知能力（問題解決、創造性、意思決定、学習の仕方の学習など）、③人格特性・態度（自尊心、責任感、忍耐力など）の重視が特徴であることが指摘されていますが（松下、２０１０）、②について、しかも一人ではなく、他者と協同して創造的に問題を解決する力の育成が期待されていると考えられます。

実は、国際調査の結果からみえる、日本の子どもたちの協同問題解決の力は、きわめて良好です。

ＯＥＣＤ－ＰＩＳＡ２０１５では、協同問題解決能力（collaborative problem-solving）が革新分野の調査として実施されました。この調査は、協同問題解決能力を「複数人が，解決に迫るために必要な理解と労力を共有し解決に至るために必要な知識・スキル・労力を出し合うことによって問題解決しようと試みるプロセスに効果的に取り組むことができる個人の能力」と定義して、それを測ることができるように開発されたものです。それまでのＰＩＳＡが、キー・コンピテンシーのなかでも個人が知識や技能を相互作用的に用いる力だけを見てきたという限界を克服するためには重要な調査でした。

結果を見ると、日本はＯＥＣＤ参加国中1位、全参加国・地域中2位でした（1位は香港）。ＰＩＳＡでは習熟度レベル別の割合も公表しており、日本はレベル２（ＰＩＳＡではレベル2を実生活と社会生活で効果的、生産的に能力を発揮し始める習熟度レベルとしています）以上の生徒の割合が最も多く、レベル1以下の生徒の割合は10・１％と参加国・地域中最も少なかったのです[1]。

一方で、「安易な話し合いでは子どもの考える力は育たず、むしろ主流派に流される子どもを育てるだけだ」との指摘が、100年近く前からなされてきました。たとえば、話し合って決めることを重視している（はず）の「自治会」ですら、「自治の美名に隠れて専制の暴威をふるうもので、一種の権威主義の教育だと思う。（中略）何らの反省が行われないで一過して行く[2]」（峰地、1925）との痛烈な批判が残っています。

教師が期待する回答を形式だけの話し合いから出していく——現代の「考え、議論する道徳」に対する批判にも通底する指摘です。ある程度、学校教育を経験してきた学習者を単に話し合わせるだけでは、教師が求める結論を予想し、それに合致した回答を導くだけになるという、100年近く前から議論されてきたこの問題。現代の教育にひきつけて言えば、**「あまり深く考えないで、対話・議論しているかのように見せ、期待されている結論にあわせて教師からの高評価をねらう」という「主体性」が発揮されている**とも言えます。

OECDの調査問題は、その程度のことをやっと測っているのかもしれず[3]、参考にならないのかもしれません。逆に言えば、日本の学校では、もっと深い話し合いを求めてきたとも言えます。

子どもたちが深く共に学び合う活動や授業を組織することは、容易なことではありません。こう考えると、「学びの個別最適化」の主張（経済産業省「未来の教室」とEdTech研究会第2次提言「未来の教室」ビジョン〈2019年6月〉、以下「未来の教室ビジョン」と略）は、とても魅力的に見えます。

特に、「知る」段階での「学び合い」は、疑問点の解消を目的として、知識を効率的に理解するためというわかりやすい割り切り方です。知識を獲得したうえで、「創る」

〈注①〉なお、OECD—Pisa2015の質問紙調査における「共同作業への価値付け」について、OECD平均との差が明確な項目に注目してみると、「チームの方が一人よりもいい決定をすると思う」に賛成（強くそう思う・そう思う）と考える生徒の割合は80・2％で、OECD平均（72・0％）より高い結果でした。それに対して、「共同作業だと自分の力が発揮できる」に賛成する生徒の割合は53・3％で、OECD平均（68・2％）よりも低い結果でした。特に後者の質問に注目すると、半数近い子どもたちが、「自分の力が発揮できない、発揮しにくい」と考えていることは気になります。

〈注②〉当時の自治には個人自治と集団自治があり、ここでの峰地の批判は、集団自治の不十分さに向けられたものです。

〈注③〉この調査の限界として、コンピュータに制御された会話により能力を測定しているため、実在の人物と協同する生徒のスキルは直接的には測定していないこと、調査で用いられている協同問題解決の場面の設定状況やシナリオは協同問題解決のごく一部の状況に限られており、現実の世界で直面する問題解決の様々な場面やスキルを網羅しているわけではないこと、「人間対人間」と「人間対コンピュータ」との同等性が担保されているのかについて、今後さらに検討する余地があること、が指摘されています（国立教育政策研究所「OECD生徒の学習到達度調査（PISA）2015年、協同問題解決能力調査のポイント」3頁 https://www.nier.go.jp/kokusai/pisa/pdf/pisa2015cps_20171121_outline.pdf）

段階の高くて創造的な協同へという「段階論」でよいのではないか、そんな声が聞こえてきそうです。

しかし、こうした段階論に問題はないのでしょうか。たとえば、小学校における暴力発生件数の急上昇は、「確かな知識もないのに話し合わせても意味がない」という割り切りでよいのかどうか、疑問を投げかけているように思います。

２０１８年度児童生徒の問題行動・不登校等生徒指導上の諸課題に関する調査結果（２０１９年10月公表）では、はじめて小学校での暴力行為の発生件数が中学校を上回り（小学校３６，５３６件〈前年度２８，３１５件〉、中学校２９，３２０件〈前年度２８，７０２件〉）、２０１５年度から明らかに右肩上がりの傾向にあることを示しています。

子ども１，０００人当たりの発生件数でみれば、小学校５・７件、中学校８・９件で中学校より少ないものの、２００８年（つまり10年前）が小学生１，０００人当たりで０・９件であったことを考えると異常な増え方です（第２版補：２０１９年度調査結果では、１，０００人当たりの発生件数が小学校６・５件、中学校８・４件で、小学校の発生件数はやはり増加傾向です）。

もちろん、こうした課題をすべて学校での活動・授業で解決できるわけではありません。しかし、自分のもやもやした思いを言葉にし、他者に伝えて、何らかの解決を見いだしていくことは、明快な知識の理解や、それを基盤に何かを創造していくこととも違いますが、「異質な集団で交流する」というＯＥＣＤのキー・コンピテンシーの二つめの軸にも位置づけられている重要な能力です。

実は日本の学校では、話し合うことなどとてもむずかしいと思われてきた子どもたちを含めて、共に学ぶ授業・活動を組織してきた実践が多数あります。本章では、こうした取組を確認し、現状を吟味していきたいと考えています。

対話的・協同的で深い学びを求めて

1　改革が必要と想定しているのは「どこのどんな」学びなのか？

教育関係者からは、授業をもっと活発にしよう、という主張に対して、繰り返し疑念が提出されてきました。とりわけ「論点整理」が出されたときには、「そもそもアクティブ・ラーニングとは何か」との問いに続いて、すぐに「初等教育はすでに十分アクティブ」「いま以上に活動を入れる必要があるのか」という批判がありました。つまり、「その語りは、どこを想定したものなのか」についての問いが欠如している、という指摘です。

改革が必要だと想定しているものと、改革の対象として語っているものにずれがない

かを吟味しないまま現状を語っていくことは、的外れな改革を誘発して学校を疲弊させる危険性があります。

私たちは、多少うるさがられても、「それは大学の話では？　それとも高校？　中学？　まさか小学校？」と問わなくてはなりません。「未来の教室」ビジョンにおいても、改革すべきものとして「一律・一斉・一方向型の授業」が挙がっていますが、これも、どこのどんな場面を想定しているのか、明確にしていかなくてはなりません。

実際のところ、「論点整理」の補足資料では、アクティブ・ラーニングを「教員による一方向的な講義形式の教育とは異なり、学修者の能動的な学修への参加を取り入れた教授・学習法の総称」と定義し、これを、「新たな未来を築くための大学教育の質的転換に向けて～生涯学び続け、主体的に考える力を育成する大学へ～」（答申）用語集２０１２（傍点筆者）から引用しています。

つまり、大学教育改革の議論のなかで重視されたものから、初等・中等教育が対象の学習指導要領の重点が取り入れられているのです。初等教育から高等教育までの一貫した改革が推進される際には、こうした混乱が起こりやすく、十分注意が必要でしょう。

さて、義務教育段階（小学校・中学校）の授業において、45分、もしくは50分の授業がすべて「一方向的な講義形式」というものは、ほとんどありません。教育実習生からべテラン教師まで、いわゆる「座学」が多く含まれると考えられている教科（国語、算数・数学、社会、保健等）においても、少なくとも子どもたちが書く活動は取り入れ、多くの場合はペア・グループ・学級全体のいずれかでの話し合い（もしくはその組み合わせ）を取り入れてきました。

2　対話のある学び

ただし、「だから改革不要」「現状で十分うまく行っている」と言いたいわけではありません。すでに述べてきたように、**問われるべきは対話的・協同的な学びの質**でしょう。

たとえば、グループでの話し合いの際に、お互いの成果物を見せ合って差しさわりのないことを話すことにとどまってしまう、最初からうまく話せる子どもが主導権を握り、とつとつと話す子どもはなかなか参加できない、などの悩みがあります。教科の内容が深まらず、「活動あって学びなし」と言われるような事態に陥ることもあります。こうしたことは、お互いの反応がわかりにくく、話しだすタイミングもわかりにくいオンラインの授業ではいっそう強まります。そのような話し合いでは、子どもたちも共に学ぶ意義を感じにくいものになってしまいます。

ある子どもの発言に思わず「でも…」などとつぶやきが生まれ、そこから、まだ誰にでもわかるような言葉にまではなっていなかった思考が、他者の言葉や生き生きとした反応のなかで練り上げられ、なるほどそういうことか、と腑に落ちるような授業や、自らがその場にもたらしたインパクト、それぞれの発言がなければ成り立たなかったというようなお互いのかけがえのなさを実感するような授業が求められます。

3　学習集団の指導技術――教師の指導性と子どもの自己活動と応答性

教師の指導の重要性を踏まえた上で、集団で学ぶことの意義を主張した教育学者が吉本均です[4]。彼は、「連帯のある学級」をつくることと「わかる授業」をすることを同時に実現するように授業を構成し、授業が子ども相互の連帯を基盤として営まれることを説いてきました。

子どもが「応答し合う関係」のなかではじめて「発達の主体」「学習の主体」として育つこと、そのため、「応答し合う関係」の質的発展について、授業指導の5つの次元として示しました。

それは、**①対面する関係の指導、②うなずきあう（首をかしげる）関係の指導、③「わからない」を出すことの指導、④発問（説明・指示）による対立、分化とその指導、⑤「接続詞でかかわり合う」関係の指導、**とまとめられます（著作集第3巻、27～33頁）。

特に、発問は「既知・既習」と「未知・未習」との間において発動すべきこと、そのうえで、一つの答えを引き出すのではなく、学習集団内部に対立・分化を呼び起こす必要があることを主張しています。前者だけですと容易に学習プログラムに組み込めそうですし、後者の場合にもプログラムのなかに架空の人物を登場させればよいようですが、それですと他者とかかわり合うなかで問いかけ共感する子どもは育たないでしょう。

しかも吉本は、「応答し合う」場所を成立させるためには、一方通行の「話」（speak to）ではなく、特定の人と共に語り合う、相互応答的な「語り」（talk with）が重要であること、「話」ではコンピュータの指示命令に行きつくと厳しく批判しています（第3巻、173頁）。

子どもたちに協同の学びを求めるときには、こうした教師の応答の質が要求されます。明快な指示を出して子どもを動かしたり、逆に子どもが課題を決めてそれに取り組んだり、という形式だけに注目していては、こうした質を求めることはむずかしいでしょう。

吉本は、上記の指導の中で、子どもは「対面する主体⇕うなずく主体⇕『わからない』をいう主体⇕個性的な解釈・認識を出す主体⇕教科内容の解釈・認識の違いをめ

〈注④〉著作集の編者らによって、彼の理論は前期の組織論・形態論から、後期の関係論・身体論への展開と概括されています（吉本、第3巻、210頁）。

ぐって問答し、共感する主体」（同上、33、34頁）として、自らの知的自己活動の質を高め深め続けていくことを重視しています。

その前提として、**教師が子どもたちを「まなざし」、子どもたちが「居場所」を見つけられることが重要である**と指摘しています。居場所の重要性は「未来の教室」ビジョンでも指摘されていますが、リアルな世界だけでなくネットのなかにも居場所はある、という程度で、質は問われていません。吉本は、子どもたちのアイデンティティは相互主体的な応答関係（「呼びかける―呼びかけられる」「認める―認められる」「あてにする―あてにされる」）のなかでのみ生まれてくるといい、人間教育の原点に共感の「まなざし」があるといいます。これらを抜きにして、リアルな教室空間以外にも居場所はあると述べるだけでは不十分でしょう。

しかも、彼はこうして子どもたちにかかわり、学習集団を育てるなかで、底辺の子どもたちも授業に参加し、授業内容にかかわって発言するようになることを見通していました。

多様な子どもたちがいるからこそ、上記のような協同的な学びが成立すること、マイノリティの子どもを排除しないことの重要性が提起されています。それは、**「学力形成か、学力不問の居場所形成・ケアか」といった二分法を乗り越える**―吉本は学習集団論と学級集団論の単純な二分法にも厳しく反論した人でした―対話的・協同的な学びの可能性が示されています。

4　共に学ぶからこそ生まれるもの

東井義雄は授業の名手として知られた人です。子どもが生活のなかで得てきた論理のことを「生活の論理」とよび[⑤]、「教科の論理」を通じて太らせていくことを主張しました。ここでは、東井が自分自身の目を開かされたと述べている授業について検討しましょう。

東井は、「稲むらの火」を小学5年の子どもたちと読解していた授業を生き生きと描いています（教材としての「稲むらの火」については府川〈1999〉、東井の教育実践については豊田〈2016〉参照）。

東井は、自分の授業や、子どもたちのノートを自身の記録に丁寧に残しており、それをもとにさまざまな著述を行ってきた教師です。コピーではないので、授業については記憶違い、子どものノートについては写し間違いもあるかもしれませんが、貴重な記録

〈注⑤〉これは素朴概念と似ていますが、東井の場合は地域の中で得た価値観なども含む点が特徴です。東井義雄〈1960〉「教科の論理と生活の論理」『現代教育科学』第3巻、第6号、53頁参照。

です。

「稲むらの火」とは、五兵衛という庄屋が、大津波の襲来を予知し、四百の村人を津波から救うために、あとは収穫を待つばかりになった稲むらすべてに火を放ち、火事を起こして、村人たちを丘の上へかけ上がらせ、命を救う物語です。

東井は、教材を授業で取り上げるときに、まず子どもたちに「ひとりしらべ」をさせました。子どもは読んで考えたことをノートに書いてきます。それを教師が読んだあとに、授業で「わけあい・みがきあい」をします。最後はまた子どもが一人でノートを書きます（これも「ひとりしらべ」と読んでいます）。

東井は、「稲むらの火」の最初の「ひとりしらべ」である子どもがノートに「五兵衛さんは、豊年でたくさんとれた稲をみんなもやしてしまって、おしいことをしたと思いながら沖をみつめているのだろう」と書いていることに注目しました。そこで、授業の「わけあい・みがきあい」の最初にその子どもを指名し、発表させました。

子どもたちは口々に、「おかしいぞ」「おかしいぞ」とつぶやきます。そのときに東井はこう言いました。

「だって、せっかくとれた稲に、みんな火をつけてしまったんだもの、五兵衛さんは、惜しいことをしたと思うだろうなあ……」。

東井の働いていた校区は農家が多く、子どもたちも日常の手伝いを通してその大変さを知っていました。文字どおり心血を注いで育ててきた稲が燃えたらもったいない、というのは子どもの生活に根ざした共感を湧き起こすゆさぶりです。あなたが大学生でしたら、「あとは提出するだけという締切前の1年分のレポート（論文）の束を燃やしたら（データを消したら）…」と想像して見てください。

それでも子どもたちは、「ぼくらだったら、おしいことをしたと思うかもしれないが、五兵衛さんはちがうと思います」と反論し、そこで東井は「それなら、何かそんな証拠でもあるかな?」と子どもたちに問いかけました。

子どもたちは必死に教材文を読み直し、「～が…のだ」「いきなり」「むちゅうで」「すべてに」などの言葉を発見し、五兵衛さんの心情の変化、決意を読み取り意見を述べていきました。

一度読んだらおおよその意味がつかめる子どもたちが、間違った読みをした子どもの発言と、それに同意していく教師の発言によって、五兵衛さんが稲むらに火を放つ決意を示した根拠を丁寧に発見していきました。このような読みの力は、大体の意味をつかませたら次の活動に移ってしまうような、雑な読解の授業では育てることができません。

東井はこの授業を通じて、以下のように述べています。

私は、「三人寄れば文殊の知恵」ということわざの意味を、「AプラスBプラスCは、いつでも、Aよりも大きく、Bよりも大きく、Cよりも大きい」というわけだと考えていた。／ところが（中略）『A』という優等生の中にもなかったすばらしいもの、『B』という優等生の中にもなかったすばらしいもの、『C』というおくれた子どものなかには、もちろんなかったすばらしいもの、そんな、どこにもなかったすばらしいものが『三人寄れば』生まれてくるということだ。」と、気がつかされた。（東井1961、164頁）

能力の低い子どもが高い子どもに教えられてできるようになる、という意味でも、また逆に、できない子どもに教えることでできる子どもがより賢くなる、という意味でもありません。個人の能力を測る物差しがすでにあって、その物差しのうえでそれぞれの能力が伸びていくという考えではないのです。そうではなく、**さまざまな読みをする人が一緒に読むことで、「どこにもなかったすばらしいもの」が生まれてくる、読みの質が変わる**、と指摘しているのです。

しつこいようですが、このことは、「のだ」は強調する際に使う助動詞、という知識の獲得に解消されるものでも、そうした知識を総合して文章を読み解く思考力やその思考を外化する表現力に解消されるものでもありません。

さらにつけ加えるならば、**共に学ぶからこその学びの深さを、まさにその生成に欠かせない一人としてかかわりながら経験すること。そのことそのものが、個の学習では経験できないものとして重要**なのです。

その成立を支えているのは、漠然とした集団把握ではなく、一人ひとりの子どものリアル（教科の学習でも、生活でも）を教師がつかんでいることなのです。

5 「目立つ」子どもを含めた対話的・協同的な学び

ここまで読んで、「それは昔の素直な子どもたちだからできたのだ」と感じた人もいるでしょう。そこで、現代の小学校の事例を紹介します。

ある小学校で文学の授業を見学したときのことです。

読み書きが苦手で、なかなか授業に参加しないと思われていたしろうがいました（なお、子どもの名前はすべて仮名です）。彼の席は授業を見ていた私の近くだったので、彼のつぶやきもよく聞こえました。授業中、ずっと隣の子どもに大声で話しかけていたしろうは、とても目立っていました。はじめて授業を参観する私には、わざと目立つようにふるまっているとさえ見えました。

教材は木下順二の「夕鶴」（日本書籍、小4下）。第13、14場面を読んでいました。第13

場面では、よひょうが「どうしても布を織れ！」とつうに迫ります。

「きっとだれか悪い人が、あたしのよひょうを都へ連れていくのだ。―そう思ってつうは、くるったように、あっちこっちへ向かってさけびました。／『お願いです！　どうぞあたしのよひょうを引っぱっていかないで！（後略）』」

ここでしろうが、「あたしのよひょう、やって。自分のもんにしてる」とつぶやきました。

続く第14場面。

「とうとうつうは、もう一まいだけ布を織ってあげようと決心しました。／今布を織らなければ、よひょうはおこってどこかへ行ってしまうだろう―。／そう、つうは思ったのです。／そんなに都へ行きたいのなら、もう一まいだけ織ってあげて、その布を持って都へ行かしてあげよう―。／そう、つうは心を決めたのです」

この場面でどう感じたか、教師に問われたあかりは、「都へ行かしてあげようと思って織っている。つうはやさしい」と発言しました。それに対して、しろうは「よひょうに「どこかに」行ってほしくないから織っている。自分のためやん」と発言しました。

ここでチャイムがなり、この日の授業は終わりになりました。授業後に二人の女の子が授業をしていた教師のところに来て、「つうは都がどういうところか知ってるん（知ってるの）？」と問いました。

担任教師と、授業者の教師と、見学者であった私との小さな事後検討会で、この質問が話題になりました。最初、あかりは「いいところに行かせてあげるのだからやさしい」と解釈し、それを聞いていた子どもたちも受け入れたけれど、しろうの発言を聞いてゆさぶられ、「もしつうが都を知らないのだったら、自分（たち）が思っていたやさしさとは違うのではないか」と気づいたのではないだろうか、と。もしそうならば、しろうのつぶやきは、授業を引っかきまわすものではなく、夕鶴におけるつうの理解、つうとよひょうのすれちがいの理解を深めるものだったのではないだろうか？と。

つうを理解することは、夕鶴の読みを深めるために重要です。つうは人としてよひょうの前に姿を現し、一緒に暮らしますが、もとは鶴であって、人間の世界をよく知りません。都がどんなところかよくわからないまま、「とうとう」「もう一枚だけ」「決心」「今」「そう〜思ったのです」「そんなに〜なら」「もう一枚だけ」「そう〜心を決めたのです」と何度も自分を納得させながら、布を織るのです。それに比べれば、第13場面の「あたしのよひょうを引っ張っていかないで！」は、つうのごく自然な発言として描かれています。

どちらがつうの本当の思いなのか。文学を読むときに、登場人物によい人であってほしい、幸せになってほしいと願いながら読み、その結果、より理想的な人物として解釈してしまうことはよくあります。しかし、しろうの読みのなかで、他の子どもの読みがゆさぶられ、先の気づきにつながったのではないかと思われます。

そのおよそ1年半後、しろうのクラスの授業について、録画を見て授業者の話を聞く機会がありました。6年生の初夏の文学の授業で、岡野薫子「陶片花」（東京書籍小6上）を読んでいました。

主人公の楊は陶工で、同じく陶工の父の作る地味な作品に納得がいきませんでした。いつか世間があっと驚くものを、と考えていました。第6場面、楊の父も亡くなり、楊も年老いたときのこと。ある農家に素晴らしい水滴があるという噂を聞き、わざわざ訪ねて見せてもらいました。ここで楊は、それが父の作品であることを知って驚く、その場面です。

教師は、「父が楊にくれたものは、水滴にこめられたものは、陶工としての生命、たましいだけですか」と発問しました。クラスメートが「水滴を見て、２人の心が通じ合った」と発言した後、しろうは、こう発言しました。

「使う人の身になって、ものをつくる心ももらったと思う。…水滴でわかったんじゃなくて、その前から考えていたからわかった」

教師はこの発言を聞いて、それまで楊がずっと考え続けていたからこそ、このとき気づけた、というしろうの読みに驚きました。自分の読みよりもしろうの読みのほうが深いのではないか、と。

指導案どおりに授業を進めようとする教師にとっては困った「不規則発言」や、教師の手の内から飛び出す「目立つ」子どもの発言や行動について、「あの子どもは反抗的だから」という決めつけではなく、多様な角度から解釈し、共感的に（ときには深い想像力を働かせて）理解しようとする志向性がここにはあります。それは穏やかなものではなく、教師自身に変革を迫ります（田上、２０１５）。

これは、教師だけではなく、共に聞いている子どもたちもそうです。他者の発言を単なる新しい情報として受けとめることにとどまらず、深く理解しようとすることは、自己否定を伴います。

「自己を否定しうる厳しさと自己を開いていこうとする心の広さがなければ、ひとの話

は聞きとれない」（浜本、2001、58頁）との指摘は、他者の言葉を真剣に聞きとろうとする者は、鋭く変容を迫られることを端的に示しています。

なお、この教師が子どもの言葉を深く理解することが可能になったのは、学校内に良好な同僚性があり（たとえば、この教師が私と担任教師と「夕鶴」授業後の突発的なミニ事後検討会をやっていたとき、教頭がこの教師の担当だった業務をやってくれていました）、学校外の教育研究サークルでしろうを理解していくさまざまな手がかりを得ていたこと（それは、一般化された技術としてではなく、固有名をもった子どもの作文や教師の語りを通じてでした）も大きかったといいます（川地、2017）。いわば、**教師にも対話的・協同的な学びの場があったことが重要だった**のです。

このように、教師にとって学校内外に安心して参加できる学びの場があることは、あたらしい知や文化の誕生を喜び、教室や学校のなかに位置づけ、共有可能なように言語化したり形にしたりする教師のわざを豊かにしていきます。

あの子の発言についてこう理解したけれど、あの子が言いたかったことからずれているのではないか、この間の授業で子どもにこのようにかえしたけれど、もっと別の方法があったのではないかなど、**授業の記録や子どものの書いたものなどをもとに率直に話し合うなかで、教師自身も成長していく**のです。

教師の対話的・協同的で深い学びを求めて

こうしてみてきますと、多様な子どもたちと協同的な学びを行うことの魅力と、子どもと応答しながら（ときには自分自身を変えながら）指導をゆたかに展開する教師の重要性に気づきます。

教師の指導は、現代の教育改革において軽視されているように見えます。しかし、いまを生きる子どもたちと、過去の優れた文化、しかし子どもにとってはとっつきにくいような文化遺産の両方を深く理解し、多様な子どもたちのなかから新しい文化が生まれてくる場に立ち会って瞬時に対応していく教師の役割は、現代においてこそ重要です。子どもを集めて、道具を与えて、多様な大人と出会わせるだけで、クリエイティブな学びが生まれるわけではないのです。

本章では、第二次世界大戦後の教育実践に注目しましたが、それ以前にも蓄積があります（豊田、２０２０／稲垣・吉村編１９９３等）、戦後も実践が積み重ねられ（稲垣・吉村、１９９４／田中、２００５／田中、２００９等）。現代でも、多くの教師たちがこうした学びの成立する授業づくり、学級づくりに努力しています（深澤・吉田、２０１８等）。

いま必要なのは、教師が子どもや教材、現代的課題を深く理解し、自分の気づきや疑問、小さな違和感を「流して」しまわず、深めることのできる時間・空間や仲間を得て、経験を重ねていけることでしょう。

対話的・協同的な学びを求める授業は、単純に知識や技能を獲得させていく授業に比べ、不確実性が伴います。しかし、授業で多少失敗したとしても、子どもたちとの基本的な信頼関係があり、同僚、教育研究サークルの仲間の支えがあると、次の一歩を考えることができます。教師同士の対話的で協同的な学びが欠かせないのです。

こうした取組には、少なくとも時間的な余裕が必要です。少子高齢化が進むからといって、また、学級サイズが大きくても国際調査でよい結果を出しているからといって、教員定数の見直しを放棄している場合ではなく、**良心的な教師の「サービス残業」がなければ対話的・協同的な学びが成り立たないような状況を変えていく**べきです（第２版補：２０２０年12月17日、財務大臣との折衝後、文科大臣から義務教育標準法を改正し公立小学校の学級の上限を35人に引き下げることが発表されました。１９８０年に45人を40人に引き下げて以来の改正です。喜びの声と同時に、教員不足、全６学年が35人学級になるのが２０２５年という驚くべきスローペース、35人でも多すぎる、等の問題にはすでに懸念の声が出ており、今後も注意が必要です）。

協同的な学びのためのツールも、新しい文化の創造、享受という点から吟味していく必要があるでしょう。現代におけるICTの活用は、新しい知の創造やその共有に「使える」としても、冒頭にも述べたように危険性もあります。知識・技能・思考パターン詰め込み、ひいては生活の全面的個別学習化を導くのではなく、他者と出会い、自己を変革し、子どもと教師が新しい文化を創造する主人公として立ち上がるための道具として、どのように活用していくことができるでしょうか。

今後も議論すべき大きな課題です。

（川地亜弥子）

〈引用・参考文献〉

●稲垣忠彦・吉村敏之編（1993）『日本の教師5—授業をつくる　1戦前—』ぎょうせい
●稲垣忠彦・吉村敏之編（1994）『日本の教師6—授業をつくる　2戦後—』ぎょうせい
●川地亜弥子（2017）「生活と表現と集団—生活綴方の観点から—」『中部教育学会紀要』17号、48～57頁
●豊田ひさき（2018）『東井義雄　子どものつまずきは教師のつまずき—主体的・対話的で深い学びの授業づくり』風媒社
●豊田ひさき（2020）『「学びあいの授業」実践史—大正・昭和前期の遺産—』風媒社
●浜本純逸（2001）『遠くを見る—ことばと学び・四十年—』教育企画コヒガシ。
●深澤広明・吉田成章編（2018）『学習集団づくりが描く「学びの地図」』渓水社

●田中耕治（2005）『時代を拓いた教師たち』日本標準
●田中耕治（2009）『時代を拓いた教師たちⅡ』日本標準
●東井義雄（1972―1973）『東井義雄著作集1～7』明治図書出版
●吉本均（2006）『吉本均著作選集1～5』明治図書出版
●田上哲（2015）「教師の自己変革における『自己否定』に関する試論：問題としての自己肯定と自己否定から抽出児による『自己否定』的省察へ」『九州大学大学院教育学研究紀要』第18巻、29～39頁

第4章

プロジェクト型学習

―カリキュラムにおけるプロジェクトは「メソッド」の再来

教育課程の移行期にあたっては、どこの学校や教育委員会主催の研修会にいっても、教師たちの最大の関心事はアクティブ・ラーニングの導入にあります。そのターム自体は高頻度で各々の口に上るのですが、その実、具体的なイメージが浮かばないというのが実態のようです。

一方で、既存の教育内容を既存の方法でアプローチしていても、子どもたちの学びが表層的なままで深まっている感覚がないというのは、教師たちが共通に語る「不全感」でもあります。

一方向的で教師主導の展開では子どもの学びに躍動感は失われ、深まりに手ごたえが欠けるという問題意識は広く共有されています。

この問題に対し、教材や教授方法や授業形態を独自に工夫し、解決を図ろうとしている教師の存在を、筆者はいくつも認識しています。また、そのような営みを反省的実践家・専門家として批判的に共有することこそが、いま教師たちに必要なのではないかと切実に感じてもいます。さらに、多忙極める日々の業務のなかにあっては、その「不全感」のやり場にも難渋してしまい、解決の方途が見いだせないままに過ぎていってしまうことも了解できます。

このままアクティブ・ラーニングを新たな「メソッド」としてとらえることで本当に

子どもたちの学びは深まるのでしょうか。本当にそうであるならば、教師たちも身につけた身体技法に修正を加えてでものめり込めるでしょう。一過性のメソッド流行や「詰め込み型」回帰の風潮を予感し、二の足を踏んでいるという本音はないでしょうか。

ここでは、アクティブ・ラーニングの切り札に「プロジェクト型学習」を見いだし、それがメソッドとして提唱されていることについて多角的に考察してみたいと思います。

「プロジェクト・メソッド」の再発見？

1　アクティブ・ラーニングをめぐるネガティブな環境のなかで

ここ最近、学校教育にかかわる報道は、教師の働き方やＡＩに凌駕され得るような「知」についての警句がメインでした。ですが、ＰＩＳＡ２０１８の読解力における結果の芳しくなさが報道にセンセーショナルにのり、大学入試改革における民間試験導入見送りや共通テストの国語・数学記述問題導入見送りが２０１９年に政治的文脈で取り沙汰されるや、いっきに測定可能な伝統的な知のありようを保守的に推奨するような論調が息を吹き返しました。また、新型感染症の拡大懸念による学習のオンライン化への要求が加速していることも無視できません。

かつての「総合的な学習の時間」導入時の揺り戻しを彷彿とさせるがごとく、アクティブ・ラーニング導入の「政策」を問い直す声すら大きくなりつつあります。まさに探究型学習を模索すること自体に、「優先順位」として疑義が呈されつつあるといえますが、その価値自体が否定されているわけではないことも、私たちは押さえておく必要があるでしょう。

アクティブ・ラーニングにしてみれば、このような事態は、なかば「もらい事故」に近い感がありますが、知の体系的で確固たる定着を直接的かつ短期的に実現し得ない方法に対し、今後厳しい目が向けられることにはなりそうです。

学校教育現場は、一方でアクティブ・ラーニングへの準備を模索し試行もしてきているのですが、報道や世論の動きによってはその雲行きも怪しくなりかねない状況です。教師自身、その内に残り火のようにくすぶらせていた伝統的な教授・学習方法への腕の覚えもあいまって、アクティブ・ラーニングへの広汎な懸念を抱えたまま、手探りで進もうとする姿は、やはり「総合的な学習の時間」の積極的開発への躊躇に見られる、かつてのそれに重なります。

このように、教師自身の内側に疑念や懸念を内包したまま、試行期間を過ぎ、本格的な方法としての「導入」となると、その趣旨を解した独自の展開とはいかず、先行事例や定型化・簡略化された形式にすがりたくなるのもうなずけます。「総合的な学習の時間」導入時には、環境学習にせよ、福祉学習にせよ、職業体験にせよ、可視化された具体的なコンテンツが存在しました。ですが、アクティブ・ラーニングは、（本来は）学習方法を機能的に示す概念ですから、その具体的イメージが描きにくいものです。

１９８９年改訂以降の学習指導要領は、教育内容については構造よりも量的多寡の調整に終始する一方で、言語活動の充実など狭義の教育方法にその力点を移してきたのであり、アクティブ・ラーニングの提唱はその到達点とも言えるでしょう。

その意味で、**「内容」のみならず「方法」に至るまで教師の教授活動、子どもの学習活動は行政文書により規定・管理されるようになり、自律的・自立的なカリキュラム編成の余地が極めて限定的になってしまっている**ことにも、この際自覚的であるべきでしょう。

ゆえに、ときに不安を抱え、ときに投げやりに、アクティブ・ラーニングとは具体的には「どんなふうに」することなのか、その典型例を知りたいというとき、まるで救世主のように「復活」の様相を見せているのが、アクティブ・ラーニングという学習方法と親和性の高いとされるプロジェクト・メソッドなのです。

2 「プロジェクト型学習」の提唱

P（ j ）B L （project-based learning / problem-based learning）は、アクティブ・ラーニングの実践「化」の波の余波でにわかに注目され、初等・中等教育での実践の試みがなされ、その単元構成や評価方法をめぐって、新たな実践課題を発掘したかのように話題とされています。

Pの原語がプロブレムかプロジェクトかによって大きく実践の意味も変わってくるのですが、どちらも大学の教育実践改革、F D （Faculty Development、大学教員能力開発）の一環として、とりわけ今世紀に入ってから注目されてきました。

プロブレム型が原則として教員の側から問題のシナリオが提示されるのに対し、プロジェクト型は原則として学生の側からテーマが立ち上がります。どちらも（とりわけプロジェクト型は）カリキュラムの中心をなすものであり、学生主導で構成的に展開するという共通点があります。

また、このような展開は、カナダのマクマスター大学の医学教育の実践ですでに1960年代から行われていたことがしばしば注目されていますが、プロジェクト型の実践への大きな期待は、米国サンディエゴのハイテック・ハイ（High Tech High）における、イノベーションを成し遂げる次世代育成などにも象徴されています。

既定の内容と方法による実践は、子どもたちのクリエイティビティを著しく制限するとの反省から、一人ひとりが取り組みたいこと、探究したいこと、開発したいこと、即ち「プロジェクト」を尊重し、学校として、ときには基礎的な知識の提供も含めて、彼らへのサポートに専念するという明確な枠組みをもっています。また、ハイテック・ハイが必ずしもエリート選抜をしたものではなく、どちらかといえば、人種も家庭階層も多様な状況で成し遂げている点にも注目が集まっています。

ハイテック・ハイのような中等教育でのプロジェクト型学習は、日本における大学教育のそれに形態は近いものであり、学問や社会の発展にダイレクトにかかわり、まさにイノベーター育成を志向しています。ですが、日本の初等・中等教育におけるプロジェクト型学習、ひいてはアクティブ・ラーニングの語られ方は、それとは少し異なっているようです。

日本の初等・中等教育におけるプロジェクト型学習は、研究開発にかかわる学校やSSH（Super Science High School）、SGH（Super Global High School）、WWL（Worldwide Learning）など、よほどのことがない限り、学習指導要領並びに教科書の規定から免れる形で構想されることはありません。

実際には、たとえば「理科」では、「振り子の性質」について実験などを子どもたちが自発的に計画を立てたり、仮説を練り合ったりなどします。結果・考察については教科書以上の発展に乏しく、彼らの経験としては主体的・対話的なモードをくぐるのですが、内容については大枠のなかに収まるように、教師により周到にコントロールされています。

独自性や創造性を発揮するとすれば、共通必修を学び終えたあとに「時間が余れば」あるいは長期休業期間中に自主的な探究を試みることが推奨されています。教科によっては、丁寧に文献案内が付記されています。

しかし、学校設備の限界や、またそれらのリソースやツールを共通必修でもない個人的探究に対して、自由に好きなだけ開放することは、管理・安全上の理由や公平性の観点などからその実現は簡単でもありません。それを許す財政的・時間的余裕などもありません。**初等・中等教育の学校現場におけるアクティブ・ラーニングは、あくまでも既存の教育内容をもとにアプローチの仕方を転換するレベルで語られている**といってよいでしょう。

「内容」と「方法」は、言うまでもなく、そう簡単に分離することはできず、たとえば中学校の数学「比例と反比例」も、小学校の国語「大造じいさんとガン」も、学び取るべきことは客観的に想定されつつ、しかもその共有の仕方はすでに多くの良質な事例があるなかで、「方法」だけをアクティブ・ラーニングに極端に変える（ということを指示されているように現場の教師には受け止められている）といっても、やはり起こるべくしてひずみが発生します。

いま、進められている改革は、「内容」固定の「方法」転換であり、そこに生ずる軋轢に教師たちは気づいています。果たして、その責任はプロジェクト型学習ひいてはアクティブ・ラーニングにあるのか、あるいは内容を規定し教科書として学習方法も埋め込まれて体系化されているカリキュラムの表現のされ方にあるのかについて、私たちは検討する必要がありそうです。

プロジェクトの流行略史

1 プロジェクト概念の登場背景と留意点

プロジェクト概念は、20世紀の最初頭から世界恐慌前後にかけて、米国の初等・中等教育における進歩主義教育（主には子ども中心主義）の土壌で、教育方法を軸にしてカリキュラム再編を見通すという枠組みをもって形を成してきたものです。それは、学習経験そのものを計画化しようとする初の試みであったともいえます。

19世紀末は、学習内容の組織化がその選択基準とともに検討されてきました。全米教育連盟（National Education Association）における「15人委員会[①]」や、それへの対抗軸で興隆したヘルバルト主義運動[②]などはその典型といえます。

大学におけるプロジェクト型の学習を導入する際にも解説されてきたように、その理論的・実践的源流は、キルパトリック（Kilpatrick, W. H.）が1918年に『ティーチャーズ・カレッジ・レコード（Teachers College Record）』誌に寄せた、その名も「プロジェクト・メソッド（Project Method）」という論考に求められることが一般的です。

キルパトリックは、デューイ（Dewey, J.）の進歩主義教育思想を具現化したと自負もし、そのような評価も定まった人物ですが、昨今の人物史的研究からはこれまでと異なる評価も与えられつつあります。とはいえ、その理論は、「学校教育は将来の生活準備説や単なる社会適応であるべきではなく、目的意識を明確にもった生活そのものである」ことを提唱するものでした。それゆえに、教育内容をどのように編成するかではなく、どのように経験されるべきかに集中して議論すべきであると強調しました。

〈注①〉1895年、古典的・伝統的な教育内容のまとまりを複数に分類し、それに応じてカリキュラム全体を再調整・再編成することを提案。
〈注②〉実際の子どもの生活や子どもの発達段階に対応するカリキュラムを編成することを主張。師範学校での実践などを踏まえ、歴史を核にしてすべてのカリキュラムを配置する中心統合法、子どもの学齢期の発達過程は人類の文明発展史に重なると見た開化史段階説を提案。

しかし、キルパトリックのプロジェクトの、その原理主義的で洗練された理論と実践のありようは、すでに批判の対象となっていた伝統主義的な知識注入主義や実践的には形式主義に傾いていたヘルバルト主義へのアンチテーゼの意味合いが強く、その実践事例も都市部の実験学校に偏するものでした。子どもの目的意識に満ちた自然な生活が、皮肉にも、人工的に構想され実践されるという展開をみることになってしまいます。

プロジェクト型学習を現代的に復活させ、キルパトリックの枠組みのみを大づかみにして思考を開始し、参照基準として学ぶと、当時の彼の「仮想敵」に気づかぬまま、子どもの自然な生活を人工的に現出することに最大の価値をおくことになってしまいます。また、さまざまな禁忌がもち込まれ制約が大きくなります。この呪縛から逃れるためにも、プロジェクト型学習の源流はキルパトリックに帰するものでは必ずしもないことや、キルパトリック以外のプロジェクトの「型」を史的に確認しておくことは決して無駄なことではありません。

もともと実践的なプロジェクト型学習は、19世紀後半、米国中西部の大規模農業の発展のなかで、自主的・地域的な課外「クラブ」活動（「トマト・クラブ」や「ポテト・クラブ」など）を通じて、収穫というゴールを目指した体験型学習や社会参加（農法の工夫や改良も射程に入れる）の効果が認識されたものなのです。

伝統主義的なカリキュラムに（当時の）近代化・産業発展に見合う教育内容を露骨に注ぎ込んだだけのポリシーなき編成に、当時、教育史上その専門家としての存在が認められつつあった「カリキュラム研究者」たちは辟易としつつあり、まさに「選択と集中」に注力する彼らのセンサーに把捉されたのが、プロジェクト概念や同メソッドであったといえます。

2　プロジェクトに「内容」を伴わせる模索

20世紀初頭、キルパトリックが子ども中心主義の純度を高め、既存の教育内容からも当時の社会的要請からも離れた、子ども自身による合目的な生活経験という閉じた世界を一部の実験学校で現出させたのに比して、「より過渡期的」で折衷的な、つまり既定の教育内容と順接的なプロジェクト型学習が、結果として多くの現場に受け入れられていくようになります。その代表例が、米国におけるヘルバルト主義教育の提唱者であったマクマリー（McMurry, C. A.）らによるプロジェクト型の教授・学習の提案でした。

彼らは、近代化・産業化する社会のなかで、効率的に時代的要請に基づく教育内容を学び取る方法として、プロジェクト型の学習に注目しました。彼らは、元来、「古典に代表される伝統主義的教育内容では激変する社会に対応できない」と考え、「教育内容の近代化と、それに伴う内容過多状態の発生への適切な対処が、カリキュラム研究の主軸になる」ととらえてきました。

雑多な知識の量的拡大のなかで、学ぶべき教育内容を典型事例として徹底的に絞り込み、その典型事例を学び取りさえすれば、他の事象への応用が効くばかりか、学び取った「知」そのものが自動的に他の「知」を要求することになります。それゆえに、学校で学ぶ「知」は典型事例に限定されるものの、子どもの実生活のなかで拡張していき、結果的には膨大な「知」が体系化されている実社会において、うまく適応していけると説いたのです。

「地理」分野でさまざまな内容を大量に詰め込むよりも、たとえば「パナマ運河の開発」をパッケージとして追体験的・ストーリー的に学ぶことで、教科越境的な展開はもちろん、同時代のエンジニアや資本家・篤志家の熱意なども学べ、さらには他の大事業についても自ら学びを拡張していく枠組みを獲得できると説き、未知の事象や文字どおりの「プロジェクト」開発にも応用していけると考えられたのです。

批判されながらも、すでに五段階教授法等の定型的な実践と親和性の高い（それもそのはずで、同じルーツをもつ人々により開発された）プロジェクトは、多くの学区でのコース・オブ・スタディ（course of study ＝ 州や学区レベルの教育課程）に部分的であれ反映されていくことになりました。そして、その導入にあたり、どこも例外なく、自らを進歩主義教育改革であると標榜したのです。

〝内容が規定され、それを追体験的・ストーリー的に学ぶことが即ちプロジェクト型学習である〟というのは、キルパトリックのそれとは余りに異質です。ですが、急変し産業化していくさまが可視化されていた時代にあって、内容規定と方向性のないラディカルなプロジェクト・メソッドは、当時の教員養成の水準と教師たちの質や学校の（特に地方の）環境に鑑みると、実践可能性は低いものだと教育行政当局者には映ったのかもしれません。

地方の教育行政当局者にしてみれば、キルパトリックのそれほどではないにしても、少なくとも伝統的手法を転換しているという意味で進歩主義的に見えたプロジェクト型学習に積極性を見いだしたといえるでしょう。

なお、どちらのプロジェクト型学習も、いわゆる「テスト」が重視される教育測定運動の高まりのなかで測定可能な学習の成果たる「知」の量・拡がりに限界が指摘されてしまうことになり減衰していきます。プロジェクト型学習などの進歩主義的な取組が長いスパンでどのような成果を上げているのかを実証的に検討しようとした「8年研究（Eight Year Study）」なども取り組まれましたが、カリキュラムそのものの「プロジェクト化」の志向性は大きく後退することになりました。これ以降、旧来型の方法に疑義が出たときにはいつもオールタナティブとして期待されるスタンバイ的「方法」の一つとして位置づくようになったといえるかもしれません。

3 日本での「プロジェクト」の受け止め

このように、プロジェクト概念は、20世紀の前半を通じて米国でカリキュラム編成論と教育方法論の二つの顔（各地の実験学校や州カリキュラムへの結実、その効果検証まで及ぶ）をもって学校教育の改革のキーワードにまでなっていました。そしてそれが、戦後日本にもストレートに輸入（戦後新教育）されることになったのです。戦後初期にもち込まれた米国流の進歩主義教育は、経験主義教育として広く普及し、キルパトリックのようにラディカルなものから、マクマリーのようにユニットやパッケージ重視のものまで多様に存在し、独自の改良や展開も見せました。

理論的にプロジェクト型学習を整理し推奨もした梅根悟も、両者を詳細に区別することなく連続的に「プロゼクト単元」として紹介しています。どちらにせよ、戦後の新教育期には魅力的な学習スタイルとして評価されていたのは間違いありません。

1950年代後半からのカリキュラムの中央「再」集権化は、学校現場から、言い換えれば（究極的には）生活者や学習者としての子どもから丁寧に「プロジェクト」型の学びの展開の可能性を摘みとっていく結果になりました。その後、教育内容の現代化運動のなかで、結果として量的に増大した「知」が、選抜社会の浸透に合わせて、テストによる脅迫を背後にもちつつ「詰め込み」に近い方法で教授・学習されていく実践が主とされていきます。

（先述したように）1989年以降の学習指導要領は、〝「教育内容」を子どもに受動的に提供するための量と構成をハンドリングする〟というこれまでのスタンスから、「内容」はほぼ据え置きながら、その関心を「教育方法」に転じていきました（言語活動重視や対話型など）。一方、プロジェクト概念は一部の進歩主義的学校で継承されてはいましたが、姿を潜めることになります。

その後、「総合的な学習の時間」の登場を好機として、（プロジェクト概念はもはや「歴史的響き」のある言葉として注目度は低いままであったものの）実質的にはかつて模索されたような展開を（歴史に学ぶことはうすく）現代的に「手探りで」なされるようになりました。プロジェクトはせいぜい領域としての総合学習のなかに幽閉され、なかなか子どもたちの知的探究が外的な社会に具体的に影響を与える手ごたえも薄弱なまま、学び方や調べ方や、ときにはコミュニケーション・スキルなど特定技能を実体化させつつ学ぶ場として、20年以上の零細展開を余儀なくされたのです。

その間、意外なところでプロジェクト型学習（コア・カリキュラムという、学校教育には史的に懐古的な概念も同時に）は整備されていました。それは医学教育の現場であり、それをFD文脈でひきとった高等教育でありました。医学教育にかかわる論考のうち、P（j）BLを取り上げるものの、多くがデューイやキルパトリックをその「序章」でたずね、カナダやヨーロッパの薬学・医学教育の画期的手法として再整備されて、近年日本に導入されていることを語ります。

医学系の教育や大学におけるP（j）BLでは、（高等教育の単位認定システムにも要因があると思われますが）教育評価という意味合いがやや乏しいもののかなり能力分析がなされ、専用のソフトウェア開発も進んでいます。このように、かなりパッケージ化された装いゆえに、あたかも他分野・他階梯に転用が効きやすそうなメッセージ性もそれ自体に内包しているのです。

なぜ、意欲喚起、没入状態の誘発をかくも注力して実践していくニーズがそこかしこにあるのでしょうか。逆に、なぜ、「暴れ馬のごとき子どもらの学習意欲を、もう少しうまくコントロールしたい」だとか、「没我的に没入してしまっている子どもたちを、いい、我に返らせる授業展開とはいかなるものかを考えたい」だとかが、教育実践の改革を語る素朴なテーマにならないのでしょう。

学校外や家庭生活で見せる子どもの姿は、基本的に暴れ馬のごとく制御の難しい多方面興味であり、気がつけば何かに没頭している姿であるはずです。どうやら、大人たちにより、人工的に構築されて蓄積されてきたものに、学校での「学び」が、気がつけば縛られていて、それゆえに子どもが何かに没頭する姿がかえって見いだせなくなっていることが、歴史を振り返れば見えてきたことでしょう。

私たちが為すべきことは、また新たな条件を学校現場にもち込み問題解決しようとすることではなく、無自覚の内に、あるいは効率性重視や、ときに善意からつくられてきた諸条件を、むしろ解除していくことにあることも見えてきます。

プロジェクトのこれから—カリキュラム再編の起爆剤

私たちは、大人が用意した内容で子どもが「揺さぶられてほしい」と願い、大人が用意した体系を主体的に「追体験してほしい」と常に願ってきたようです。ゲーム機の画面に没入していたり、釣竿を垂らしながら「アタリ」を指先で感じようと一点に集中したり、クラブチームの試合での勝敗に心から涙したりする姿を、学校の教室でも現出させたいのです。

そして私たちは、それが全くの期待薄であることも残念ながらわかっています。だからといって、編成のもつ政治性への批判を含ませながら、学習指導要領による「知」の外的強制を嘆き、それさえなければと唱えるのは早計だと考えられます。学習指導要領に示される多くの目標において、内容については大づかみに示されている程度なので、アクティブ・ラーニングと相性のよい内容を模索し、創造することも可能です。

かつてマクマリーも、キルパトリックも、学習経験の計画化というサイドから、（現代流にいえば、コンピテンシーベースで）逆にコンテンツを構想するベクトルを示してくれ、その課題も見せてくれました。しかし、いったん高等教育にキーワードとして「外出」している間に、メソッドとしての性格、つまり手法化が著しく進行してしまいました。

それが、政策化されてトップダウンされようとしているいまこそ、初等・中等教育はプロジェクト型学習を産出する土壌をもともと有していたことを、まずしっかり振り返っておきたいところです。そして、それが排されてゆくいきさつはもちろん、コンテンツに固有であるかのような方法がとられるなかで、「内容」と「方法」が相補的に強固な仕組みとなっていく過程を詳細にとらえ、カリキュラムそのものがどのように語られているのか（開発・ＰＤＣＡサイクルも含む）について問い直す好機にあるのではないでしょうか。

アクティブ・ラーニングを標榜する改革そのものが、高等教育から初等・中等教育へのベクトルをもって行われつつあることも念頭に置くなら、**初等・中等教育現場にとって、プロジェクト型学習はまさに帰還・里帰りであり、他領域で鍛えられ整備され「帰ってきた」ものであるとも**いえます。

輸入種であれ「国内移入種」であれ、学校現場に全くのＤＮＡがなければ、このキーワードは単なる「流行」となったかもしれません。ですが、プロジェクト概念が複雑化する、つまり「踊る」ことになる理由は、次の二点にあります。

●生活教育などを中心に実践も重ねられ、初等中等教育の内側に独自にプロジェクトを志向し、零細であっても実践してきた経緯があること。

●他方、医学領域などのかなり高度な学問領域で再整備された「メソッド」パッケージを、既存の教育課程に落とし込んでいくこと（理科の電磁石をプロジェクト型学習で、社会の第一次産業の学習をプロジェクト型学習で、など）。つまり、総合学習という限定領域でプロジェクト型学習を展開するのではなく、教科学習で行おうとしていること。

既存のカリキュラムが、プロジェクト型学習を不即不離のものとして開発されたものではないところで、メソッドのみの移植が上首尾にいくかどうかは不明です。また、総合学習領域を中心に積み重ねられてきた「国内固有種」のようなプロジェクト型学習や、生活教育実践とうまく整合するのか否かについても慎重な観察や検討が必要です。

私たちは、プロジェクト概念を、単なるメソッドとして受けとめることなく、カリキュラム全体を再編するだけの原理・装置としてとらえ直していきたいところです。また、プロジェクト型学習が「型＋学習」の二重の接尾辞ふうに使用されている限り、「メソッド」としての性格からなかなか解放されないことでしょう。20世紀初頭に生まれたこのプロジェクト概念が、単なる学習のメソッドにとどまらず、社会や生活、さらには世界に直接関与・参加し働きかけ、場合によってはその変革に寄与しようという志があったことを思い起こしておくことは重要です。１００年経ったこの不透明な時代に生きる当事者である子どもたち（だけでなく私たち）の学びを展望するうえでも、中身と手応えのある「プロジェクト」を構想したいものです。

歴史的・現代的概念整理とともに、実践事実を踏まえた見通しを少しでももつことが望まれます。

（藤本和久）

〈参考文献〉

● William, H. Kilpatrick. (1918). The Project Method: The Use of the Purposeful Act in the Education Process. Teachers College Record, 19, 319-335.

● Charles A. McMurry. (1920). Teaching by Projects :A Basis for Purposeful Study. The Macmillan company.

● Tony Wagner, Ted Dintersmith. (2017). Most Likely to Succeed: Preparing Our Kids for the Innovation Era. Scribner.

● 教育課程研究会（編）（２０１６年）『「アクティブ・ラーニング」を考える』東洋館出版社

● 佐藤隆之（２００４年）『キルパトリック教育思想の研究：アメリカにおけるプロジェクト・メソッド論の形成と展開』風間書房

● 佐藤学（１９９０年）『米国カリキュラム改造史研究：単元学習の創造』東京大学出版会

● リンダ・トープ、サラ・セージ（２０１７年）『PBL 学びの可能性をひらく授業づくり：日常生活の問題から確かな学力を育成する』北大路書房（伊藤通子・定村誠・吉田新一郎訳）

● 藤本和久（２０１８年）『マクマリーのタイプ・スタディ論の形成と普及：カリキュラムとその実践思想を読み解く基盤』風間書房

● 松下佳代・京都大学高等教育研究開発推進センター（編）（２０１５年）『ディープ・アクティブ・ラーニング』勁草書房

● 溝上慎一・成田秀夫（編）（２０１６年）『アクティブラーニングとしての PBL と探究的な学習』東信堂

●宮本健市郎（2006年）『アメリカ進歩主義教授理論の形成過程：教育における個性尊重は何を意味してきたか』東信堂
●ダイアン・ラヴィッチ（2008年）『学校改革抗争の100年：20世紀アメリカ教育史』東信堂（末藤美津子・宮本健市郎・佐藤隆之訳）

第5章 インクルーシブ教育

―「みんなちがって、みんないい」の陰で

本章では、学校教育のなかで、しばしば言及される「インクルーシブ教育」について取り上げます。インクルーシブとは、「包摂」と訳され、障害のある子どもや、外国籍の子どもなど、さまざまなマイノリティの立場にある子どもを含め、だれも排除しない教育の実現をめざす立場のことをさします。

この「インクルーシブ」という用語は、「多様性」という言葉とセットでしばしば用いられます。なぜなら、包摂する対象が、さまざまなマイノリティの子どもをさしているからです。実際、マイクロソフトの社是は、「ダイバーシティ&インクルージョン」（多様性&包摂）だそうです。インクルーシブや多様性は、社会や教育に対して、先進的な人たちがしばしば使う言葉・概念です。

「インクルーシブな社会を！」「多様性を尊重する教育を！」――いわば、「みんなちがって、みんないい」という理念そのものを否定する人はいないでしょう。私も大賛成です。だからこそ、現在、多くの学校教育現場で、これらの用語が使われています。

しかし、「みんなちがって、みんないい」という考えは、現在の学校教育で実現することは簡単ではありません。教室に一歩足を踏み入れてみれば、「みんなちがって、みんないい」の実現が、相当困難であることがわかります。通常学級には、発達障害のある子どもや虐待を受けた子どもなど、さまざまな事情で、既存の授業内容や授業方法に適応しづらい子どもたちが在籍しています。

たとえば、通常学級に在籍する発達障害の可能性がある子どもの割合は、文科省の調査によれば、およそ6・5％程度であることが明らかにされています。具体的な子どもの姿としては、授業中に落ち着きがなく、立ち歩く子どもや、外から見ればちょっとしたように見えるトラブルで大声を出して友達を叩く子どもたちがいます。当然、子ども同士のトラブルも起こり、授業が成立しにくいこともあります。

「みんなちがって、みんないい」という理念は賛成するのに、実現は困難。それでも、整合性をとろうとする、そこには矛盾が起こっているはずです。その矛盾は、特別支援学級や特別支援学校の在籍率の急増としてあらわれています。２００７年から２０１６年の10年間で、特別支援学級の在籍児童・生徒数はおよそ１・９倍に増加しています（窪田、２０１９）。さらには、入学時ではなく、小学校1年生から6年生の間で、特別支援学級や特別支援学校に転籍する児童数も、10年でおよそ2倍に増加しています（金丸ほか、２０１９）。「みんなちがって、みんないい」とは軽々しく言えない現実があります。

このような状況を無視するかのように、盛んに叫ばれている「インクルーシブ教育」は、どのような背景で流行し、そして、実際、現場のなかでどのように具体化しているのかを注意深く見ていきましょう。そして、「みんなちがって、みんないい」の陰でなにが隠されているのかについて考えていきます。こうした作業を経てはじめて、どの子も排除されない教育への実質的な糸口が見えてきます。

インクルーシブ教育の受けとめ

1　インクルーシブ教育が注目されるきっかけ

インクルーシブ教育が注目されるきっかけは、世界的にみれば、１９９４年にユネスコとスペイン政府の共同で「特別なニーズ教育に関する世界会議」が開催され、そこで開催されたサラマンカ声明（正確には、「特別なニーズ教育に関するサラマンカ声明と行動大綱」）の採択です。この宣言によって、「特別なニーズ」という概念とともに、インクルーシブ教育を推進する流れができました。

サラマンカ声明は、実際にはどのような特徴を有していたのでしょうか（国立特総研の訳を参考。一部改変 https://www.nise.go.jp/blog/2000/05/b1_h060600_01.html）。

１つ目の特徴は、「障害」「ＬＧＢＴ」「貧困」などの属性・カテゴリーをもとに教育を行うのではなく、「特別なニーズ」を出発点に教育を行うことを明言した点です。

これまでの教育においては、基本は、「自閉症という障害があるから、○○という教育方法をしましょう」といったように、子どもに付与されている属性やカテゴリーをもとに支援が考えられてきました（日本では、いまもこのような傾向が強いですが）。しかし、サラマンカ声明では、子どもの「困っている」「〜したい」という特別なニーズをもとに、教育を考えようという発想が土台になっています。

この発想は、インクルーシブ教育の実現を考えるうえで重要です。なぜなら、障害など属性をもとに教育実践を進めようとする場合、どうしても、障害カテゴリーごとに教育をわけようとする傾向が強くなるからです。実際、現在の日本の特別支援学級では、「知的障害」「肢体不自由」など障害カテゴリー種別に応じて、学級編制がなされています。

2つ目の特徴は、さまざまな子どもたちを包摂する教育方針を明確に打ち立てた点です。「インクルーシブ校が遭遇する挑戦は、まったく恵まれていない子どもたちや障害をもつ子どもたちを含む、すべての子どもたちを首尾よく教育することができる児童中心の教育学を開発することである」というサラマンカ声明の文章にあるように、インクルーシブ教育を明確に宣言しています。さらには、「みんな同じ場所で一緒に学びましょう」という既存の場を統合させる方向性や、カリキュラムの改善も含めた学校教育の改革にもつながる志向性をもっていました。いわば、「学校」のありかた自体を、すべての子どもに合わせて改革しようという理念です。

なお、この文言だけをさらっと読むと、「普通だな」と思われるかもしれません。しかし、この声明が25年以上前であることを考慮すれば、決して「普通」ではなく、むしろ「革命的」であったとさえ言えます。実際、１９９４年の日本では、「発達障害」「虐待を受けた子ども」「貧困家庭で育つ子ども」「ＬＧＢＴの子ども」に対する教育は、ほとんど進んでいませんでした。そもそも、「発達障害」という名前すら、十分に知られていませんでした。もちろん、インクルーシブ教育という名前も十分には広まっていませんでした。当時は、学ぶ場の統合という意味で、「インテグレーション」という用語が広まっていました。

サラマンカ声明は、日本においても大きな影響を与えました。実際、この後、インクルーシブ教育という概念が広がってくることになりました。

この流れを受けて、文科省は２０１２年に「共生社会の形成に向けたインクルーシブ教育システム構築のための特別支援教育の推進（報告）」という報告書を出しました（https://www.mext.go.jp/b_menu/shingi/chukyo/chukyo3/044/houkoku/1321667.htm）。

この報告書では、「『共生社会』とは、これまで必ずしも十分に社会参加できるような環境になかった障害者等が、積極的に参加・貢献していくことができる社会である。それは、誰もが相互に人格と個性を尊重し支え合い、人々の多様な在り方を相互に認め合える全員参加型の社会である。このような社会を目指すことは、我が国において最も積極的に取り組むべき重要な課題である」と書かれています。さらに、この共生社会の実現に向けて、インクルーシブ教育が重要であるとうたわれています。

もっとも、さきの文科省の2012年の報告では、「基本的な方向性としては、障害のある子どもと障害のない子どもが、できるだけ同じ場で共に学ぶことを目指すべきである」と述べられているように、サラマンカ声明の内容に比べると、トーンが少し弱くなっていることには注意が必要です。

2 インクルーシブ教育の受容

このようなインクルーシブ教育は、我が国の学校現場では、どのように受け入れられているのでしょうか。その受け入れられ方はさまざまですが、大きくは、以下の2つの語りが代表的であり、かつ、その2つは対照的な部分もあります。

【語り①】

いまの日本の学校教育は、すごく遅れている。世界が「インクルーシブをすすめよう！」って言ってるのに、いまだに、特別支援学校や特別支援学級がたくさんあって、分離された教育が行われている！　イタリアなんか、特別支援学校がほとんどありません。「みんなちがって、みんないい」の精神で、どんな子どもたちもみんなで学びあいましょう！

特別支援学級や特別支援学校をインクルーシブ的ではないとみなして、どの子も通常学級で学ぶことを最優先させる考えを反映した語りです。

そして、この語りを代表する実践の1つとして、映画「みんなの学校」で話題になった大阪市立大空小学校の実践があげられます。大空小学校の実践は、地域に開かれた学校など様々な面で注目されていますが、ここでは、インクルーシブ教育にしぼって検討します。

大空小学校では、「すべての子どもたちが同じ教室で学ぶ」学校として話題になりました。現在は、東京大学大学院教育学研究科との教育・研究協定がむすばれており、そこでは、「多様性を尊重し、インクルーシブな社会の担い手を育成する事業の一環として本協定を位置づけています」という宣言がなされています（https://www.u-tokyo.ac.jp/focus/ja/articles/t_z0110_00050.html）。

映画化された当時、校長であった木村泰子先生は、「すべての子どもの学習権を保障する」という理念のもと、インクルーシブ教育・特別支援教育について、次のように述べています。長くなりますが、木村先生のインクルーシブ教育に対する考えがよくわかりますので、そのまま引用します（傍線部は赤木による）。

大空は発達障害や愛着障害など、多様な個性を持った子も同じ教室で一緒に学び合っています。（中略）私は、今ある特別支援教育の知見すべてを否定するつもりはありません。しかし、今あるインクルーシブ教育という言葉には、どうしても子どもたちをあるくくりと別のくくりに分けておいて、それを一緒にするというイメージがあるように思え、好きになれません。実際に就学時前健診で障害のレッテルを貼られ、特別支援学級に行くように言われる子がいるわけですから、そうした思いは拭えないのです。

私はそのようにまず分けることありきではなく、最初からともに学ぶことが大切だと思います。実際、大空にはＡＳＤやＡＤＨＤの子がたくさん通っており、毎日一緒に学んでいます。その中のある子は、別の学校に入学してＡＤＨＤと診断され、ずっと薬を飲んでいました。実は本人は薬を飲むことが好きではなかったのですが、薬を飲めば学校を休んでよいと言われるから、飲んで学校を休み続けていたのです。

彼が薬を飲んでいた理由は、実はひどいいじめを受けていたからで、学校を休む理由がほしかったから飲んでいたのです。薬を飲んでいる子に対して、医者も「登校刺激をしてはいけない」と言うので、学校は連絡もせず、そのままその子を４年間放置しました。結局、本当の原因は誰にも気づかれないままです。


（木村『「みんなの学校」流自ら学ぶ子の育て方』64頁〜）


この木村先生の発言には、いくつか特徴があります。

1つは、子どもの障害から支援を考えるのではなく、その子のニーズから支援を進めようとする姿勢が明確だということです。

不登校の原因は、「ＡＤＨＤだから」とだけとらえ、薬で対処する、という発想ではなく、「いじめを受けて悩んでいる」ことを考えることから実践をすすめようとする発想です。これは、サラマンカ声明で指摘されていたように、子どものニーズから出発しようという点で同じです。

2つは、特別支援学級や特別支援学校の存在について、慎重にとらえている点です。もっとも、他の著書（木村・高山、2019）にもあるように、特別支援学級・特別支援学校の存在をすべて否定しているわけではありません。ただ、先の引用の傍線部を読む限り、「分ける」ことを肯定的には見ていません。実際、大空小学校は、特別支援学級在籍の子も、通常学級の子どもと同じ場所で学び合うことの大事さを指摘しています。

このような発想のもとで、発達障害や愛着障害など、多様な個性をもった子も同じ教室で一緒に学び合っている大空小学校は、現在、わが国におけるインクルーシブ教育の具体化のひとつといえるでしょう。そして、大空小学校の実践では、それぞれの子どもたちのしんどさや思いを理解し、そして、それを級友にも伝えながら、人間関係を豊かにする方針が、学校全体で貫かれています。

なお、木村先生のような考えは、これまでにもありました。たとえば、1970年代に、大阪などでは、「原学級保障運動」という「どの子も普通学級へ」といわれた動きがありました。ただ、「大空小学校」の実践は、インクルーシブ教育を含めた学校教育そのもののあり方を問いなおすという意味で、これまでとは違う広がりがある点に特徴があります。

【語り②】

いまの日本の学校教育は遅れている。通常学級で学ぶ子どものうち、6・5%が発達障害の可能性がある。それなのに、授業は旧態依然のまま。だからしんどくなる発達障害のある子どもたちが多い。いまこそ、どの子にもわかる授業をしないといけない。それこそがインクルーシブ教育である。海外の先進的な取組を学んで、それを実現させよう！

一方で、通常学級に在籍する発達障害児を意識しながら授業改善を図ろうとする流れがあります。その1つが、「ユニバーサルデザインに基づく授業づくり」（以下、「授業UD」とします）です。授業UDとは、UD学会によれば、「特別な支援が必要な子を含めて、通常学級の全員の子が、楽しく学び合い『わかる・できる』ことを目指す授業デザイン」（http://www.udjapan.org/massage.html）と定義されています。

授業UDでは、特に授業づくり、特に教育環境の整備に重点をおきます。「学級の子どもたち全員が『楽しく、わかる、できる』授業を行い、つまずきのある子には『なくてはならない支援』であると同時に、学級の他の子どもたちにとっても『あると便利な支援』を目指す授業」（佐藤、2010）とされ、特に、授業デザインにおいて、「焦点化」「視覚化」「共有化」を重視しています（桂、2011）。「焦点化」とは授業のねらいや活動をしぼること、「視覚化」とは、視覚的な手がかりを効果的に活用すること、「共有化」は、話し合い活動を組織化することの重視です。

具体的な授業方法はさまざまですが、たとえば、「机の上に置く物の位置を統一する」「持ち物の統一」「姿勢の統一」といった学習規律を明確にしたり、「黒板にまずは黄色のチョークでめあてを書く」「黒板の前面の掲示物をなくす」「物語文の登場人物を考えるときは、黒板に吹きだしをかいて、視覚的にする」といった教育技術を明確にするといったことが、現場に採用されます。

このような教育技術は、第7章であげられている「授業のスタンダード化」とも重なる部分があると指摘されています（前岡・赤木、2020）。特に、自閉症スペクトラム障害のある子どもにとっては、授業や先生によって、教え方が異なると混乱することがあるため、指導方法の統一は有効だと考えられています。

ＵＤ授業は、増加している発達障害の子どもたちへの対応を迫られていることもあって、急速に広まっており、それゆえ、インクルーシブ教育の有効な1つの考え・技術として認知され、ＵＤ学会が設立されるまでの広がりになっています。

3　両者の理念は似ているが対照的

大空小学校と授業UDの理念は、すべての子どもの学びを大事にするという点で類似しています。大空小学校は「すべての子どもの学習権を保障する」とうたっており、授業UDは、「特別な支援が必要な子を含めて、通常学級の全員の子が、楽しく学び合い『わかる・できる』ことを目指す授業デザイン」と定義されているからです。

ただ、その具体化については、「対照的」といえるほど異なっています。

いまのインクルーシブ教育が見ていないもの

1　わからなくもない

両者に代表されるインクルーシブ教育の受容のされ方については、共感できる部分があります。現在の学校教育のシステムや指導方法は、障害のある子どもの学びを支えるうえで十分でないことがたくさんあるからです。特に、発達障害のある子どもを支える心理職として、学校現場に入っていると、このことを痛感します。

たとえば、ある子が「発達障害」だとわかっただけで、「担任の私には関係ない。専門ではないから。病院に行ってなんとかしてもらってください」と、自分の教室や授業から切り離すような態度をとる先生方も、少数ですがいます。本来は、発達障害の有無に関係なく、指導・授業するのが当たり前なのですが…。

このような現状があることを踏まえれば、木村先生が、「発達障害」という名称をスティグマとして否定的にとらえることも理解できます。確かに、大空小学校のように、障害のある子もない子も、一緒に学んだり、トラブルを経て成長していくことが、理想的なモデルのように思えます。

さらに、発達障害のある子どもへの指導方法についても疑問を感じることがあります。たとえば、授業のなかで「もうちょっとがんばりなさい」「ちゃんとしなさい」といった声かけを何度もしている先生に出会います。しかし、この声かけが、発達障害、とくに自閉症スペクトラム障害のある子どもにとっては、理解しづらいことがあります。自閉症スペクトラム障害の子どもにとっては、その障害特性ゆえに曖昧な言葉が理解しづらいことが多くあります。「もうちょっと」がどの程度なのかイメージしづらいのです。「ちゃんとする」ってどうすることでしょうか…、子どもは混乱します。そのため、授業に集中できずに立ち歩きが増えたり、先生に反発するなど不適応行動が増加し、結果として、通常学級から排除される一因にもなります。

障害のある子どもにもわかりやすい授業を…と願う先生ほど、ＵＤ授業を取り入れる傾向があることもうなずけます。教室環境を整えたり、声かけを工夫するといった「ひと手間」かけるだけで、子どもの学ぶ姿勢や理解が変わるのであれば、できるかぎりUD授業を普及させることは、意味あることのように思えます。

2 でも、十分ではない

「みんなの学校」や「UD授業」に代表される教育理念や方法については、学ぶことが多くあります。しかし、それらをもって、「インクルーシブ教育の理想」というには、〝ちょっと待てよ〟と思うことがあります。両者が「見なかったこと」「論点にあげていないこと」があるからです。具体的には、以下の二つをあげることができます。

一つは、両者の立場とも、知的障害のある子どもの学習保障について、ほとんど言及されていないことです。

たとえば、「みんなの学校」では、特別支援学級籍の子どもたちは、通常学級の子と同じ教室で学んでいます。当然、知的障害のある子どもたちも含まれます。そして、いくら授業方法を工夫しても、授業内容が理解できない知的障害の子どもたちもいるでしょう。そのような子どもたちは、通常学級のなかで、どのように学習を進めているのでしょうか。その点が十分紹介・議論されていないように感じます。

授業が理解できないまま、一人だけ違うことをしているのでしょうか。それとも授業の最初の「あいさつ」だけして「参加している」ことになっているのでしょうか。果たしてそれは、サラマンカ声明のいう「インクルーシブ」教育と同じなのでしょうか。改めて丁寧に検討する必要があります。

もっとも、「授業内容はわからなくてもいいんだ。それよりも、障害のない子と同じ教室でいて、そこで人間関係を学ぶことが大事なんだ」という反論もあるでしょう。確かに、そのような人間関係の学びも大事です。ただ、それなら放課後一緒に遊ぶなど別の形もとれます。あえて「45分、授業がわからないまま聞き続ける授業」に参加させる必要はありません。

それに、そもそも学習権とは、「読み書きの権利であり、問い続け、深く考える権利であり、想像し、創造する権利であり、自分自身の世界を読みとり、歴史をつづる権利であり、あらゆる教育の手だてを得る権利であり、個人的・集団的力量を発達させる権利である」（ユネスコ）です。

「どの子の学習権も保障する」という木村先生の言葉を真摯に受け止めるのであれば、知的障害のある子どもの学習権に触れずして、「どの子も」という表現を簡単に用いることはできません。このことぬきに「インクルーシブ教育」と言いきるのは、正確な表現ではありません。

この点は、UD授業についても同じことが言えます。UD授業においても、知的障害のある子どもが、どのように学んでいるかについては長江・細渕（2005、2006、2007）を除いて十分検討されていません。

しかし、「特別な支援が必要な子を含めて、通常学級の全員の子が、楽しく学び合い『わかる・できる』ことを目指す授業デザイン」という定義をふまえれば、「全員」には、通常学級に在籍している知的障害のある子どもも含まれるはずですし、彼らの学習の様子に言及する必要があります。もしそうでないのあれば、いつの間にか、「UD授業にあった子どもが、通常学級に在籍する子どもであり、あわない子どもは、特別支援学級へ」といった、方法に子どもをあわせるロジックが正当化されかねません。

UD授業をつきつめればつきつめるほど、そこに適応できない子どもは、特別支援学級や特別支援学校に行くほうがよいというロジックになりかねません。実際、赤木（2018）は、UD授業を全校的に採用した公立小学校において、特別支援学級の在籍児童数の割合が増加し、10%を超えた事実を報告しています。この事実は、包摂を目指した結果、排除の実態が進んでしまう展開になっていることを意味しています。サラマンカ声明の意味するインクルーシブ教育とは距離があるといえます。

結局、**現状のインクルーシブに対する語りは、知的障害などのマイノリティの子どもの学びを十分に検討しないまま、「自分たちが教育しやすい」「論じやすい」子どもを対象に話を進めている**印象を受けます。限定的インクルーシブ教育ともいえます。

もう一つ指摘したいのは、授業内容への言及の少なさです。もちろん、何も指摘していないわけではありません。木村先生は、縦割り集団による「全校道徳」なるものを提案していたり、授業UDでは、深い学びのあり方などを検討しています。しかし、これらの提案に割く分量は少なくなっています。

木村先生は、国語や算数の教材研究などを通して、どの子の学習権を保障するという言及は少なく、むしろ、級友や教師との人間関係を組織することで包摂しようとする傾向が強くあります。また、UD授業についても、やはり「わかりやすさ」を優先した教育技術が中心となっているのは否めません。

このことは、実は一つ目の指摘とも密接にかかわります。授業内容や学級集団、時間割などカリキュラムについて、いずれも変革しようという志向性は弱いのです。しかし、サラマンカ声明では、「同じ場にいるかどうか」自体が重要ではなく、「共に学べる」ようにするためのカリキュラム改変を含めた学校改革のプロセスが重要とされています。このような改革なしに、**「子どもどうしのつながり」**や**「教育技術・環境の整備」**で乗り切ることについては、知的障害などよりマイノリティの子どもを包摂できず、結果として排除の方向に進む危険性があります。

これまでの／これからのインクルーシブ教育

ここまで読まれたかたは、悲観的な印象をもたれたかもしれません。「現状、場の分類が進んでいるなかで、インクルーシブ教育の理想のように思えた『みんなの学校』や『ＵＤ授業』、結局、じゃあ、どうしたらええねん」となるかもしれません。すみません…。

繰り返しになりますが、「みんなの学校」や「ＵＤ授業」が流行する問題意識には共感しますし、その取組にも大いに意義があります。ただ、「どの子の学習権も保障する」といった「どの子」というところに、インクルーシブ教育からみた場合、看過できない問題があるということです。

では、このような悲観的にも見える現状のなかで、どのように見通しをもつことができるでしょうか。その手がかりは、大きくは二つあります。

一つは、「ともにいる」（同じ場にいる）かたちにこだわるのではなく、「ともに学ぶ」

ありかたを追求することです。理想は、「障害のある子もない子どもとも、同じ場所で、ともに学びを深めていく」ことであると思います。

しかし、日本の現状では、相当困難です。赤木（2017a）が指摘しているように、日本では、同一年齢・同一内容での授業が基本です。また、「同じ」を求める文化規範的な背景からも、諸外国に比べてインクルーシブ教育を実現することは困難です。このような状況のなかで、いきおい「ともにいること」を追求することは、知的障害のある子どもの学習の軽視など、どこかにひずみがおきます。また、無理に一緒に学ぶことで、障害のある子どもへのスティグマが強まる可能性も否定できません。

そういう意味では、「通常学級内」での実践はもちろんのこと、「通常学級と特別支援学級（学校）での交流・共同教育」など、これまで行われてきた実践を改めて重視することができます。**それぞれの場での学びを大事にしつつ、行事などでの交流、年齢差・発達差があっても学ぶ教育をすすめるといったほうが、実質的なインクルーシブ教育の足がかりになる**でしょう。

このように考えれば、これまでのわが国の教育実践のなかにも参考になる実践はたくさん蓄積されています。

たとえば、特別支援学級在籍児童の小学校1年生・2年生が「郵便屋さん」と称して、通常学級の書類を届けに行くという取組のなかで、お互いを知り、障害のある子どもの居場所を学校につくる取組を行っている実践があります。

また、学校教育の実践ではありませんが、生涯教育の場で、「体験新喜劇」という即興のワークショップを実施し、そこには、知的障害や身体的に重度の障害のある青年、赤ちゃん、大学生、発達障害のある青年などさまざまな人たちが参加して、喜劇をつくりあげていくことが報告されています（赤木、２０１９）。そこでは、「発達の高いものが、相対的に低いものに教える」のではなく、発達差・能力差のずれをユーモアの起点としてつくり上げています。

日常的に学ぶ場所が、通常学級や特別支援学級・特別支援学校と異なっていても、インクルーシブ教育が難しいわけではなく、そのなかで適切な交流・共同教育の場をつくることが、よりよい包摂をつくっていく場合もあります。

もう一つは、既存の「通常学級」という前提そのものを考えなおすことです。中長期的な「これから」の話です。

ここまでの私の論は、「同一年齢・同一学習内容」ということを通常学級の前提としていました。「大空小学校」やＵＤ授業についても同じです。ただ、この前提自体が、インクルーシブ教育のハードルを高く困難なものにしています。なぜなら、同じ年齢でも発達差はさまざまであり、とくに障害があると、多数の子どもが理解できることを前提としている学習内容に、ついていきにくいからです。そのなかで、さまざまな子どもを包摂するのは困難です。特に、現在のように「学力テスト」など狭義の学力向上のプレッシャーがあるなかでは、以前に比べてより難しくなっています。

このように考えれば、既存の学級形態そのものを考えなおす必要があります。それは、赤木（２０１７ｂ）や第２章でも取り上げられている異年齢集団のなかでの教育などが典型的であったり、個々人の学習理解や進度に応じた教育のあり方を考えることも、インクルーシブ教育を進める一つの視点となりうるでしょう。

＊

「みんなちがって、みんないい」という言葉は、とても素敵です。しかし、その陰で、うまく適応できない子どもたちがいることにも目を向ける必要があります。このようなマイノリティの子どもたちのことを考えることは、スパッときれいにインクルーシブ教育を語りにくいものです。しかし、そういう子どもたちのことを考えることこそが、どの子にとっても学びやすく、かつ、希望のある教育をつくっていくことにつながります。

（赤木和重）

〈参考文献〉

●赤木和重（2017a）「ユニバーサルデザインの授業づくり再考」教育、853、73〜80頁
●赤木和重（2017b）『アメリカの教室に入ってみた：貧困地区の公立学校から超インクルーシブ教育まで』ひとなる出版
●赤木和重（2018）「わが国のインクルーシブ教育の進展と排除」教育、864、67〜73頁
●赤木和重（編）（2019）『ユーモア的即興から生まれる表現の創発：発達障害・新喜劇・ノリツッコミ』クリエイツかもがわ
●金丸彰寿・呉文慧・郭旭坤・挽本優・前岡良汰・大塚真由子・赤木和重（2019）インクルーシブ時代の「転籍」に関する定量研究⑵：1968〜2018年における小学校通常学級在籍児童の「転籍率」の歴史的変遷 日本特殊教育学会第57回大会
●桂聖（2011）『国語授業のユニバーサルデザイン』東洋館出版社
●木村泰子（2015）『「みんなの学校」が教えてくれたこと：学び合いと育ち合いを見届けた3290日』小学館
●木村泰子（2016）『「みんなの学校」流・自ら学ぶ子の育て方：大人がいつも子どもに寄り添い、子どもに学ぶ！』小学館
●木村泰子・高山恵子（2019）『「みんなの学校」から社会を変える：障害のある子を排除しない教育への道』小学館新書
●小貫悟・桂聖（2014）『授業のユニバーサルデザイン入門』東洋館出版社

●窪田知子（2019）学校基本調査・特別支援教育資料にみる特別支援学級の現状と課題　障害者問題研究、47、2～9頁
●前岡良汰・赤木和重（2020）「小学生は授業スタンダードをどのように捉えるのか：個人の権利意識の発達の観点から」日本特別ニーズ教育学会第26回研究大会
●長江清和・細渕富夫（2005）小学校における授業のユニバーサルデザインの構想：知的障害児の発達を促すインクルーシブ教育の実現に向けて　埼玉大学紀要教育学部54(1)、155～165頁
●長江清和・細渕富夫（2006）ユニバーサルデザインの発想を活かした授業づくり(1)：知的障害学級と通常学級（小学校5年生）との図画工作科の合同授業　埼玉大学教育学部附属教育実践総合センター紀要(5)、169～184頁
●長江清和・細渕富夫（2007）ユニバーサルデザインの発想を活かした授業づくり(2)：知的障害学級と通常学級（小学校2年生）との国語科の合同授業　埼玉大学教育学部附属教育実践総合センター紀要(6)、209～223頁
●佐藤慎二（2010）『通常学級の特別支援教育セカンドステージ：6つの提言と実践のアイデア50』日本文化科学社

第6章

教師による「研究」

――「仮説―検証」という呪縛

教師にとって、「研究」は本来大事なものです。法律では、「絶えず研究と修養に努めなければならない」（教育公務員特例法第21条）と定められており、学校には「研究部」「研究推進部」などの組織が置かれ、「校内研究」が推進されています。

けれども、「研究」に対して、近寄りがたいもの、面倒なものといったイメージを抱く教師は少なくありません。一部の「研究」好きの教師と、そうでない教師とに分かれてしまっている状況も見られます。

教師による「研究」を、自分（たち）の実践をよりよいものにするための意識的な営みといった、広い意味でとらえるのならば、そうした願いは、もともとすべての教師がもっている（あるいは少なくとも、もっていた）はずのものでしょう。にもかかわらず、教師らに「研究」への忌避感があるとするならば、それは、「研究」というものが、ある種の偏りをもってとらえられてしまっているためかもしれません。

本章では、そうした偏りの一つである、「仮説─検証」という図式を取り上げて、それを糸口に、教師による「研究」を問い直していきます。

学校現場に浸透する「仮説―検証」図式

教師による研究には、校内研究のように学校単位で行われるものから、自治体の研究員制度や教職大学院の課題研究のように通例個人単位で行われるものまで、さまざまなタイプのものがあります。けれども、それらの多くに共通して見られる、研究を進めたりまとめたりする際に用いられる図式があります。それは、**最初に、「○○すれば、○○になるだろう」という「研究仮説」を定めておいて、それを「検証授業」などを通して「検証」していくという、「仮説―検証」の図式**です。

具体例を見てみましょう。

首都圏のある自治体のウェブサイトには、研究指定を受けて校内研究とその発表を行った小・中学校の研究紀要が、２０１４年度分以降掲載されています。２０１９年度分までの計22点（小18、中4）のうち、「研究仮説」が示されているのが16点です。たとえば、小学校では、「理科、算数科においての問題解決の力を明らかにし、実態に応じた指導方法の工夫・改善を行うことにより、児童一人一人が問題解決の力を身に付けるとともに、学び合うことを通して、更に個々の問題解決の力を高めていくことができるだろう」」、中学校では、「学びの場において、ＩＣＴ機器を活用した授業に取り組み、課題の発見・解決に向けた学びへの支援やその学習環境等を工夫すれば、生徒の知識・理解の促進を図るとともに、主体的に学ぶ態度を育むことができるだろう」といったものです。

また、ある自治体の教職員研修機関のウェブサイトには、１９９２年度以降の、研究員となった教師らが共同で1年間かけて行った研究をまとめた報告書が、学校種および教科ごとに掲載されています。その大半は、「研究仮説」を示してそれを「検証」するという形になっており、特に、２０１０年度以降になると、すべての報告書において「研究仮説」が示され、それが目次の項目としても登場するようになります。

「研究仮説」として示されるのは、たとえば、「児童が社会的事象について関心をもち、見通しをもって調べたり、1単位時間や単元の終末で学習したことを振り返ったりするために、教師が教材や指導方法を工夫したり、児童の振り返りを基にした授業改善を行ったりすれば、児童は、単元を通して社会的事象に関心をもち続け、主体的に問いを追究し解決しようとするだろう」（２０１８年度・小学校社会）といったものです。

「仮説―検証」図式で研究を進めたりまとめたりすることは、教育委員会などが発行する校内研究に関する手引きや、研究主任向けの市販のガイドブックの多くでも、前提とされたり推奨されたりしています。たとえば、福岡県教育センターによる『校内研修のすすめ方』の場合、「仮説の設定」「仮説の検証」「仮説検証のための授業研究」「検証授業の設計」といった項目が設けられ、さらに、「仮説を設定する手順」などが細かく述べられています（福岡県教育センター編、２０１３）。

確かに、仮説と検証は、科学の営みにおいて大事なものとされてきました。たとえば、医学者の津田敏秀は、次のようにその過程を説明しています（津田２０１１）。まず、「個別の観察から仮説を創出」し、次に、「仮説に基づいて個々の現象を多数観察」する、そして、「仮説に基づいた観察を記述し分析して一般法則や理論ができあが」り、さらに、「その法則や理論を個別事象に適用」する、そしてまた、「新しい理論のもとで個別事象を集めて理論を修正」していくというものです。このように、津田は、理論レベルのものと現象レベルのものとの往還によって、科学の営みは「スパイラル」状に進むとしています。

仮説は、観察の記述や分析による検証を経て「一般法則や理論」となり、その「一般法則や理論」が、さらに「個別事象」と突き合わせられて修正され（これも検証に相当）、といった「スパイラル」状の展開のなかで意味をもつとされているわけです。

それでは、先ほど見てきた、学校現場での教師による研究において、「仮説」や「検証」は、こうした働きをしているでしょうか。

否定されず、「検証」後に活用もされない「仮説」

学校現場での教師による研究の場合、「仮説」と「検証」の関係は、「スパイラル」にはなっていません。「仮説」から「検証」への一方向的なものになっています。

というのも、**一つには、基本的に、当初立てた「仮説」が否定されることはありません**。「仮説」が成り立たなかったことの報告は、研究紀要などにまず登場しません。また、そうした可能性も想定されていないようです。たとえば、藤本（2015）は、「校内研修の計画書に示される仮説は、実際に取り組めば実現可能なものが設定されることになります」と述べています。

研究のスケジュールも同様です。たとえば、鳥取県教育委員会西部教育局（2014）では、4・5月を、「仮説」を含めた「研究計画」を構想する時期とし、その後「校内授業研究会」の実施を経て、2・3月を、「研究授業の分析や児童生徒の変容を基にした研究仮説の検証と評価」および「全教職員による改善策の導き出しと共有化」の時期としています。年度初めに立てた「仮説」が年度末に「検証」されて、「有効性」の「確立」が図られるという1年間の流れになっています（4頁）。

また、もう一つには、「検証」されたはずの「仮説」が、その後、他の学校や教師らによって活用されている様子が見られません。校内研究や個人の実践研究の成果報告書などにおいて、他の研究において「検証」された「仮説」そのものへの言及は、まず登場しません。校内研究の手引きなどにおいても、それを勧める記述は見られません。たとえば、北海道教育庁上川教育局（２００７）では、「研究仮説」に関して、「設定の手順」から「有効性」の「検証」の仕方まで述べる一方、「研究主題」の「設定」において、自校や他校ですでに「検証」がされた「仮説」の参照を促すような記述はありません。つまり、**「仮説」の「検証」を研究の軸としている一方で、そうして「検証」が行われた「仮説」がその後活用されることは、そもそも期待していない**と考えられます。

このように、学校現場での教師による研究において、「仮説」や「検証」は、もともと科学的な営みにおいてそれらが果たしていた役割を果たしてはいません。もっとも、これらはそもそも、そのようには機能し得ないものであると考えられます。

なぜなら、榊原（２０１３）がすでに指摘しているとおり、こうした「仮説」で用いられている表現は、定義が不明確で、読み手によって解釈が異なってくるようなものだからです。

「ＩＣＴ機器を活用した授業に取り組み、課題の発見・解決に向けた学びへの支援やその学習環境等を工夫すれば…」といっても、具体的に何をイメージするかは読み手次第です。それでは、それを同じ条件で繰り返し行って、科学の営みの場合に見られたような「一般法則や理論」を打ち立てていくことはできません。

また、これも、榊原（２０１３）がすでに指摘しているように、こうした「仮説」では、「〇〇すれば」の部分と「〇〇になるだろう」の部分とがしばしば同義反復のようになっています。たとえば、先に挙げた例、「問題解決の力を明らかにし、実態に応じた指導方法の工夫・改善を行う」ことによって、「児童一人一人が問題解決の力を身に付ける」「個々の問題解決の力を高めていく」というのも、そうした同義反復の一例とみなせるでしょう。

このように、学校での教師による研究で用いられる「仮説―検証」の図式は、すでにそのもともとの役割を果たしておらず、形骸化しているといえます。にもかかわらず、この図式は使われ続けてきています。それはなぜなのでしょうか。

自然科学分野での研究と同一視できるのか

「仮説—検証」図式が、学校現場での教師による研究において使われ続けている背景には、この図式を用いなければ「研究」にならないという強固な思い込みが存在すると考えられます。それは、報告書や論文などの構成として直接的に示されるにとどまらず、たとえば、実践研究に教師が取り組もうとする際に（しばしば「それで研究になるのか」といった否定的なニュアンスを伴って）発せられる「どうやって検証できますか？」といった質問にも、それは現れています。

こうした思い込みが生じる要因として、一つには、自然科学分野での研究のイメージというのがあるでしょう。たしかに、自然科学分野では、「仮説—検証」図式は、研究の進め方としてもまとめ方としても、広く用いられてきました。

けれども、そもそも、自然科学分野での研究と、学校現場での教師による研究とを、同一視できるものなのでしょうか。

例を挙げて考えましょう。

唐突に感じられるかもしれませんが、サバクトビバッタの大量発生のメカニズムの解明を目的に行われた、メス成虫が産む卵のサイズの増大（大量発生にいたる状態の指標）を、何が引き起こしているかを調べる実験を取り上げます[①]。

実験者は、サバクトビバッタ同士の混雑がその要因となること、サバクトビバッタがそれを接触によって認識していることを突き止めた後、サバクトビバッタがどの部分で接触を感知しているのかを調べるために、混雑した飼育環境において、サバクトビバッタの触角、脚など各部位をマニキュアで塗りつぶして比較する実験を行います。触角が鍵だと判明した後、実験者はさらに、その接触で大事なのが物理的な刺激なのか化学的な刺激なのかを判別するために、ただの綿棒で触角を刺激するものと別の個体の触角から抽出した化学物質をつけた綿棒で触角を刺激するものなどとを比較する実験を行います。

たとえば、この後者の実験は、「ある化学物質をつけた物体でメス成虫の触角をこすると、大きな卵を産むようになるだろう」という仮説をもち、それを検証しようとするものだといえます。

お気づきでしょうか。この仮説は、学校現場での教師による研究において見られる、「〇〇の手立てを行えば、子どもたちの〇〇力は伸びるだろう」といった「仮説」と、文の形のうえでは同等です。確かに、バッタの研究においては、仮説に基づいたこうした研究の進め方は有効に機能するでしょう。けれども、それと、学校現場での研究とを同じようにとらえることができるのでしょうか。

おそらく、両者を同一視することには、多くの人が疑問や反発を抱くのではないかと思います。両者の研究について、たとえば、次に挙げる点での違いを指摘することができるでしょう。

一つめは、効果の測定に関するものです。

子どもの伸びは、バッタの卵の大きさのように単純に数字では表せない面もあるのではないか、といったものです。

二つめは、比較の仕方に関するものです。

バッタの場合、化学物質をつけた綿棒で刺激する群（実験群）だけでなく、それと比べるために、ただの綿棒で触角を刺激する群（対照群）を設けることに、問題はありません。けれども、子どもの場合、こうした対照群を設けることには、倫理上の問題が生じ得ます。よい効果が期待される働きかけを行ったり教材を用いたりするのならば、な

〈注①〉前野ウルド浩太郎（2012）『孤独なバッタが群れるとき　―サバクトビバッタの相変異と大発生―』東海大学出版会から例を取りました。『バッタを倒しにアフリカへ』で話題になった昆虫学者である著者が、アフリカに渡る前に実験室で行っていた実験を述べた、とても興味深い本です。

ぜそれを全員に用いないのか、ということになりかねないわけです。

三つめは、研究の進め方に関するものです。

バッタの場合、計画していた手続きを、（バッタの様子を見て）実験の途中で変更するということは、基本的にはありません。新たなアイデアを思いついた場合、それは別の実験として、あらためて計画・実施することになるでしょう。

けれども、子どもを対象にした実践研究では、実践を行っている過程で、臨機応変に働きかけ方を変えたり、その後の実践の計画（授業の進め方など）を変更したりすることはあり得ます。むしろ、より子どものためになると思われる進め方を思いついたのに、それを、「これは研究だから」という理由で用いないとしたら、そのほうが問題でしょう。

四つめは、研究を行う人の立ち位置に関するものです。

バッタの実験の場合には、大事なのはもっぱら研究の対象（バッタ）のほうであり、研究する人がその働きかけにおいてどう感じたり考えたりしたのかといったことは重要ではありません。本人はいわば透明な存在となります。一方、教師が行う実践研究の場合には、教師はそうした立ち位置ではいられません。教師が実践の状況のなかでどう感じたり考えたりしたのかは、それ自体が、研究の対象である実践を構成する大事な要素になり得ます。

こうした違いは、バッタの実験の場合に限らず、自然科学の実験と比べた場合に一般的に見られるものだと思われます。このような違いが生じる背景には、研究を行ううえでの前提の違いがあります。

バッタの実験の場合、バッタに関する一般法則を明らかにすることが研究の目的であり、その実験で扱うバッタは、いわば取り替えが利く存在です。一方、教育の実践研究の場合、もちろん一般法則の解明を志向している場合もありますが、たとえその場合であっても、子どもは取り替えが利く存在ではありません。また、授業も、やり直しができない、一回性をもった場です。そのなかで、教師は、目の前の子どもたちの最善の利益を願いながら、実践を行います。

研究アプローチの多様性

バッタを相手にした研究と子どもを相手にした研究とをこのように並べて考えることはナンセンスに思われるかもしれません。けれども、そうであるとすれば、**自然科学分野での研究で用いられてきた、「仮説―検証」図式をはじめとするやり方を、学校現場**

での研究において無反省なまま使い続けることは、なおさらナンセンスではないでしょうか。

さらに、それらは、ナンセンスであるだけでなく、教師が実践から学び、成長するためのやり方を、必要以上に制限してしまうことにもなります。

たとえば、校内研究に関して、「研究授業は仮説を検証する場」であり「仮説の中に示した目的を達成するための手だてを、実際の授業を通して有効かどうか検証」するためのもの（藤本、２０１５、82頁）といった記述が存在します。けれども、このようなとらえ方では、その仮説がどうだったか、手立てが有効だったかどうかという観点からしか実践を見ようとしなくなり、そこから外れる部分には目が向けられなくなる恐れがあります。教育実践で起きていることは、より複雑で豊かであるはずなのに、そこから学ぼうとしない形での校内研究の進め方になってしまうわけです。

「そうはいっても、『研究』ってそういうものじゃないの？」と思う方もおられるかもしれません。けれども、実際には、学術研究の世界においても、自然科学分野で従来用いられてきたものとは異なる多様なアプローチが生まれてきています。

「仮説―検証」という枠組みに関しては、心理学などの世界では、仮説の真偽を確かめる「仮説検証型」のタイプだけでなく、仮説自体の創出を行う「探索型」（「仮説生成型」

とも）のタイプが存在しています（南風原ら編、2001など参照）。

また、量的なものだけでなく、数字で表せないものの重要性に対応しようとするものとしては、「グラウンデッド・セオリー・アプローチ」「談話分析」「エスノグラフィー」など、多様な研究方法（論）が開発されてきており、それらは、質的研究というジャンルを形成しています（秋田＆藤江、2019など参照）。

学習研究においては、対照群を設けて比較を行うのがむずかしい現実世界での状況の場合に、あらかじめ決めておいた研究手続きを実行するのではなく、働きかけを行う過程で手続き自体を柔軟に変更していくようなアプローチをとる、「デザイン研究」（Design-Based Research：「デザインベース研究」とも訳される）と呼ばれるものがあります（ソーヤー編、2018など参照）。

知能研究の分野では、研究を行う主体が透明な存在となるのではなく、主体がその状況をどのように経験するかを、一人称的な視点から観察・記述することで新たな見方を提示しようとする「一人称研究」というものもあります（諏訪＆堀編、2015など参照）。

こうした多様なアプローチは、大きく見れば、近代科学において主流であった、対象を切り離してとらえ、客観性を第一とするような研究のあり方を見直し、別の研究像を打ち立てようとする動きの表れです。

授業研究に関しても、それに対応するあり方の模索が行われており、南浦（２０１９）は、そうした授業研究のあり方を、従来の「論理実証アプローチ」と対比させ、「社会文化的アプローチ」として、特徴を整理しています。南浦によると、「社会文化的アプローチ」の授業研究は、「一般的・普遍的な理論の構築」を目的とするのではなく、その状況がもつ一回性・固有性に注目し、「その場の中における意味」を解き明かすことを重視し、「主観的であることを厭わ」ず、「共感可能」な形で「物語的に場を描く」ことを行うものです（26頁）。

もちろん、「仮説―検証」図式と親和性をもつ「論理実証アプローチ」が、無用の、あるいは誤った研究スタイルということではありません。それはそれで、ある限定された目的や状況において、有益な場合もあるでしょう。けれども、少なくとも言えるのは、「仮説―検証」図式を用いるものだけが「研究」というわけではないということです。

福岡県教育センター編（２０１３）では、「研究では、仮説にしたがった条件を途中で変更すると、仮説が本当に有効であったのかが分からなくなります」（36頁）と述べていますが、そうした「研究」だけが「研究」ではないのです。

どのようにして「仮説―検証」図式が一般化したのか

教師が学校で行う研究における「研究仮説」の設定は、おそらく、1990年代後半以降に一般化してきたのではないかと考えられます。大谷（2000）は、愛知県のある市における1966年〜1998年分の「優秀賞受賞論文」の調査を行い、「研究仮説」の設定が1976年度以降出現し、90年代には過半数にいたり、98年段階ではほぼすべてにまで増加したことを明らかにしています。

民間教育研究運動の高まりにも見られるように、教師が行う「研究」への機運が高まっていた、また、1976年の研究開発学校制度の制定を受けて、学校が行う「研究」も注目されはじめていた1980年代には、教師向けに学校での教育研究の進め方を解説した書籍が多数刊行されました。

たとえば、『現場の教育研究法入門』（岸野晋一、明治図書出版、1980年）、『学校における教育研究のすすめ方』（群馬県教育研究所連盟、東洋館出版社、1981年）、『学校現場における実証的な教育研究の進め方と論文の書き方』（西田雄行、東洋館出版社、1986年）、『学校の教育研究の進め方』（日本教育新聞社編、日本教育新聞社、1987年）、『学校のための教育研究法』（藤原藤祐、ぎょうせい、1989年）などです。

これらの書籍では、おしなべて、研究における、「仮説―検証」の重要性を説いています。それが、1990年代以降のこうしたスタイルの学校現場への普及に影響を与えた可能性があります。実際、2000年代以降に出された書籍でも、野田（2005）や福岡県教育センター編（2013）のように、当時の書籍を参照して解説を行っている例が見られます。

ただし、1980年代に出されていた書籍の大半では、たしかに、「仮説―検証」の重要性を述べてはいますが、必ずしも、それがすべてと言ってはいません。

たとえば、群馬県教育研究所連盟（1981）では、「学校における教育研究」について、「仮説を発想していく段階に重点をおくもの」「仮説を検証していく段階に重点をおくもの」「仮説―検証のすべてにわたって行うもの」の三つに分けています。研究の具体例としても、特に「仮説」を掲げないものも掲載しています。

「仮説」を生み出す段階、検証する段階の両方を考えるという点では、「観察→仮説→検証」の3段階が必要であるとする西田（1986）も共通しています。

また、岸野（1980）では、「『教材』について現在もっている知識をもっと深め、体系的にし、精密にすることも研究」であるとし、「この際には、仮説、調査、検証というサイクルでなく、『調べる』つまり資料文献収集→調査→論理化→結論という図式で表した方が適当なものもある」と述べています（102頁）。

さらに、これらの書籍のなかには、「仮説」を、研究をまとめるときの構成に必要なものというより、研究を進めていくうえで必要な発想の仕方とみなし、より柔軟なとらえ方をしているものも見られます。たとえば、岸野（1980）では、「仮説」には、「大きい包括的な仮説」もあれば「一部の局部的なもの」もあるとし、「研究の始めにも、中ほどにも、終わりにもあり、また、大きくも、小さくも成り立つ思考」であるとしています。

このように、これらの書籍では、研究に関する一般論として「仮説」の大切さを述べており、必ずしも、「研究仮説」「検証授業」のような教育実践研究の定式化を目指していたわけではないと考えられます。

もちろん、この当時の議論では、手立てを講じて、ある指標をもとにしてそれがどれだけ有効だったかを見るという枠組みに対しては、疑いの目を向けておらず、その点では、先の南浦がいう「論理実証アプローチ」の範囲に収まるものであったといえます。けれども、そうであるにせよ、現在ほど、教師が行う研究のとらえ方が硬直化していたわけではありません。

新たな実践研究のあり方を求めて

「仮説」や「検証」自体が問題であるわけではありません。**大事なのは、教師が学校現場で研究を行う際に、研究の枠組み自体に自覚的になること、また、「仮説―検証」図式を唯一のものと思わず、多様な研究の枠組みや方法を視野に入れておくこと**です。「仮説―検証」図式を校内研究において活用する場合でも、年度当初に校内で一つ「仮説」を決めて、その後の研究授業をその「検証」プロセスとして位置づけて年度末に「仮説」の「有効性」を「確立」することを目指すのではなく、年度当初に大きな問いを校内で共有しておいて、その後、個人で「仮説―検証」の小さなサイクルを繰り返す、というやり方があり得ます。つまり、**教師一人一人が「○○すると○○になるのではないか」という仮説を立てて日々の授業や研究授業のなかで検証を試みることを行い、そうした試行錯誤の軌跡を互いにもち寄って校内で交流する、**というものです。

一方、「仮説―検証」図式を用いず、「探索型」の進め方をしたり、何らかの質的研究の方法論を使ったりした場合でも、その手順を満たすことが自己目的化してしまっては、「研究」の形骸化は避けられません。

「仮説―検証」のものにせよ、そうでないものにせよ、「〇〇がないと研究にならない」とする思い込みは、しばしば、「〇〇さえあれば研究になる」という発想へと転じます。たとえば、「研究仮説」を掲げて「検証授業」を実施しさえいれば、それで「研究」になると考えてしまうわけです。

けれども、本来「研究」は、こうした外形を満たすことによって実現するものではありません。教育実践の研究を行い、それを文章の形にまとめていくときには、しばしば、問いの立て方、論の筋道の通し方といった、必ずしも外形で示せない部分が大事になりますし、それによって、書き手による実践のとらえ直しが促進されることにもなります。そうした部分の質が問われなくなる危険性があります。

学校現場での教師による研究は何のために行うのか。それは、最初に見たように、広くは、自分たちの実践を向上させていくためでしょう。その原点に立ち返って、教師は、自身あるいは校内の取組を見直す必要がありますし、教育委員会はそれを後押しする必要があります。

最近では、教育委員会が作成している「研究」の手引きのなかにも、従来の「研究」像を問い直し、新たな形を提示するようなものが登場しています。

大分県教育センターが作成した『「一層やりがいのある校内研究」手引書』はその一

例です（大分県教育センター、２０１４）。この手引きでは、「『ＡするためにはＢすればよい』という仮説が正しいかどうかを『検証』する『仮説検証型校内研究』」から、「『Ａするための様々な実践』をして全教職員で『共有』する『課題解決型校内研究』」への転換を訴えています（「はしがき」）。具体的には、**「現状把握」から、その原因や背景を探る「診断」を経て、「研究テーマ」にあたる「問いづくり」を行い、「組織づくりと期間設定」を行って、「実践」そして「発表」につなげていく**というものです。

また、実践のレベルでも、校内研究の形を意識的に変えるような取組の例が出ています。筆者がかかわった京都府の八幡市立美濃山小学校の校内研究はその一例で、授業における演劇的手法の活用に全校で取り組んだ際に、校内研修や公開研も同様の原理に基づいて、連動して改革を行ったものです（渡辺＆藤原、２０２０）。

さらに、個人で取り組むことを想定したものでも、新たな形での実践研究のあり方を解説する書籍が出ています。

田中武夫らによる『英語教師のための「実践研究」ガイドブック』はその一つです（田中武夫ら編、２０１９）。「英語教師のための」と銘打っていますが、特に英語科に限らない内容です。

本書においては、「研究仮説」は登場しません。本書が「実践研究」において重視するのは、「問い」の設定です。本書における「問い」のとらえ方は特徴的で、「問いは最初から絞りきらなくてもよい」「実践研究を進める中で、複数の問いから研究課題を絞っていく」「問いの焦点化までを研究とする場合もある」（51頁）という立場を取っています。そして、「問いを立てる」「データを集める」「データを分析・解釈する」「研究を共有・公開する」というプロセスで研究をとらえています。

こうした提案や試みは、教育実践がもつ複雑性や一回性を大事にしつつ、教師（たち）が実践上のなんらかの挑戦を行って、そこで起きたことをもとに学び合ったり、それをより広く共有していったりするための、さまざまなやり方の模索であるといえます。

＊

本章では、「仮説―検証」図式を糸口にして、教師による「研究」のあり方の問い直しを行ってきました。教師の「研究」に関する状況は、たしかに、本書の他章で取り上げるトピックの場合と同じく「外部」からの影響を受けてはいます。たとえば、「仮説―検証」図式がますます力をもっているのは、数値目標の設定と「ＰＤＣＡサイクル」の活用が叫ばれる教育界をとりまく状況と無縁ではないでしょう。けれども、それにとどまらず、**教師の「研究」をめぐっては、教師自身が、狭い「研究」観でもって自分たちを縛ってしまっている側面が少なからずある**と考えられます。

そうした呪縛を解きほぐし、自分たちの実践をよりよいものにしていくための営みをより有意義な形で行っていけるようになるために、私たちは、新たな実践研究像を打ち立てていく必要があります。

（渡辺貴裕）

〈引用文献〉

●秋田喜代美、藤江康彦編（2019）『これからの質的研究法―15の事例にみる学校教育実践研究―』東京図書

●大分県教育センター（2014）『「一層やりがいのある校内研究」手引書』https://researchmap.jp/read0010253/published_papers/19157639/attachment_file.pdf

●大谷尚（2000）「教育実践研究における「研究仮説」を考える」『ＩＭＥＴＳ』財団法人才能開発教育研究財団、第4巻第136号、62～65頁

●岸野晋一（1980）『現場の教育研究法入門』明治図書

●群馬県教育研究所連盟（1981）『学校における教育研究のすすめ方』東洋館出版社

●榊原禎宏（2013）「校内研究における「仮説―検証」問題」『京都教育大学紀要』171～181頁。

●諏訪正樹、堀浩一編（2015）『一人称研究のすすめ　―知能研究の新しい潮流―』近代科学社

●ソーヤー、Ｒ．Ｋ．編、森敏昭ら監訳（2018）『学習科学ハンドブック［第二版］第1巻　基礎／方法論』北大路書房

●田中武夫ら編（2019）『英語教師のための「実践研究」ガイドブック』大修館書店

●津田敏秀（２０１１）『医学と仮説―原因と結果の科学を考える―』岩波書店
●鳥取県教育委員会西部教育局（２０１４）『校内授業研究充実のためのポイント』https://www.pref.tottori.lg.jp/secure/965651/kenkyu.pdf
●西田雄行（１９８６）『学校現場における実証的な教育研究の進め方と論文の書き方』東洋館出版社
●野田敏孝（２００５）『初めての教育論文』北大路書房
●南風原朝和、市川伸一、下山晴彦編（２００１）『心理学研究法入門―調査・実験から実践まで―』東京大学出版会
●藤本邦昭（２０１５）『実務が必ずうまくいく　研究主任の仕事術　55の心得』明治図書出版
●北海道教育庁上川教育局（２００７）『校内研究の充実のために』http://www.dokyoi.pref.hokkaido.lg.jp/hk/kkk/grp/03/kounaikennkyuu.pdf
●福岡県教育センター編（２０１３）『校内研修のすすめ方』ぎょうせい
●南浦涼介（２０１９）「協働・対話という視点によって授業の何が見えるか？―論理実証アプローチと社会文化的アプローチ―」梅津正美編『協働・対話による社会科授業の創造』東信堂
●渡辺貴裕、藤原由香里編（２０２０）『なってみる学び―演劇的手法で変わる授業と学校』時事通信出版局

第7章
外国語コミュニケーション

本章では、「コミュニケーション（能力）」を、外国語教育に関する知識・技能の「スタンダード化」（standardization）との関係において取り上げます。

近年、教育委員会・教育センター・学校レベルで盛んに行われているのが、授業の内容・方法に関する様々なスタンダードの策定です（勝野、２０１６）。その背景には、学力調査の結果や教員の世代構成の変化、改訂学習指導要領への対応があることが指摘されています（澤田、２０１８）。

スタンダード化については、学校・教師の自律的専門性の剥奪や授業の画一化・パターン化、成果主義・管理主義を過度に加速させる懸念や実態などへの指摘が既にある一方で（福田、２０１７／子安、２０１６）、「教育の質保証」をもち出す人たちは、スタンダードそのものには肯定的で、自治体や学校での動きも止みそうにありません。運用の仕方に気をつけさえすれば、スタンダードによって個々ばらばらに行われている授業の水準が一定に保たれ、一律の目標に向かったり授業改善が図られたりするのはよいことだというわけです。

しかし、そもそも教育のすべてにおいて「スタンダード」を設定することが可能でしょうか。標準化すべきではないもの、され得ないものがあるとすればそれは何でしょうか。この問題を考えるうえで、スタンダード化がかつてない勢いで進められている外国語教育は、格好の材料を提供してくれます。

小学校での英語教育に関して、２０１８、２０１９年の学習指導要領移行期間用に文部科学省が作成した『小学校外国語活動・外国語研修ガイドブック』や、それに準ずる各自治体での独自教材・指導案・実践報告書作成の動きは、まさに上述のスタンダード策定の動きと軌を一にするものです。

外国語教育のスタンダード化がかつてない勢いであるのは、それが授業の内容・方法だけでなく、目標のレベルにまで及んでいることによります。

２０１７年告示の学習指導要領では、「ヨーロッパ言語共通参照枠」（Common European Framework of Reference for Languages—ＣＥＦＲ）という到達度指標に基づいて、育成を目指す「コミュニケーション能力」（新学習指導要領では「コミュニケーションを図る資質・能力」）について、「英語を使って何ができるようになるか」という観点から、指標形式の教育目標案が示されています。

それに先立って文部科学省は、２０１３年には既に『各中・高等学校の外国語教育における「CAN-DO リスト」の形での学習到達目標設定のための手引き』を公表し、毎年の「公立小学校・中学校及び高等学校における英語教育実施状況調査」において、各都道府県・指定都市教委を通じて、その設定・達成状況の把握・公表について報告させています。

外国語教育は、どこを切ってもスタンダード漬けの状況にあると言えるかもしれません。果たしてそれは、子どもたちと教師の、外国語による「コミュニケーション（能力）」を本当に豊かにするものとなっているのでしょうか。

そこで、本章では、外国語教育が現状に至った経緯を整理し、現状の「コミュニケーション（能力）」の理解の何が「踊っているか」を示し、外国語教育において探究すべきコミュニケーションとは何かを考えます。

なぜ、外国語教育の目標に「スタンダード」が求められるのか

ここでは、学校教育の一環としての外国語教育がこうした状況に至った経緯を、「政策的背景」と「英語教育史的背景」の二つの側面から整理してみます。

1　政策的背景

授業のスタンダード化は一般的には、１９８９年にアメリカで開催された「教育サミット」に端を発し、日本では、２００６年に改訂教育基本法で定められた「教育振興基本計画」の策定がもたらしたものと言われています（子安、２０１６、28頁）。前著の議

論には、格差の是正や権利保障といった、学力保障の文脈における共通カリキュラムとしてのスタンダードの設定が展望されていますが、後者は国家による教育目標管理の手法の性格を強く有しています（ダーリング・ハモンド、２０１７）。

外国語教育の場合、この目標管理の動向に少なからぬ影響を与えているのが「グローバル人材」を巡る議論です。２００９年に経済産業省の「産学人材育成パートナーシップ」の下に置かれた「グローバル人材育成委員会」の報告書（２０１０年）では、「グローバル人材」が次のように定義されています。

グローバル化が進展している世界の中で、主体的に物事を考え、多様なバックグラウンドをもつ同僚、取引先、顧客等に自分の考えを分かりやすく伝え、文化的・歴史的なバックグラウンドに由来する価値観や特性の差異を乗り越えて、相手の立場に立って互いを理解し、更にはそうした差異からそれぞれの強みを引き出して活用し、相乗効果を生み出して、新しい価値を生み出すことができる人材。

この定義は、文部科学省の「産学連携によるグローバル人材育成推進会議」（２０１０年）を経て、首相官邸が設置した「グローバル人材育成推進会議」の中間まとめ

（2011年）では、「グローバル人材」の概念がややナショナリスティックかつ精神主義的な要素に整理されました。

【要素Ⅰ】 語学力・コミュニケーション能力
【要素Ⅱ】 主体性・積極性、チャレンジ精神、協調性・柔軟性、責任感・使命感
【要素Ⅲ】 異文化に対する理解と日本人としてのアイデンティティー

この中間まとめのポイントは、この概念が「単一の尺度では測り難い」と認めたうえで、「測定が比較的に容易な要素Ⅰ」（！）として、わざわざ括弧書きで「『道具』としての語学力・コミュニケーション能力」と添えていることです。

「初歩から上級まで」の段階別の「グローバル人材の能力水準の目安」を、①海外旅行会話レベル→②日常生活会話レベル→③業務上の文書・会話レベル→④二者間折衝・交渉レベル→⑤多数者間折衝・交渉レベルと、目的も対象も抽象度も異なる乱暴な整理で片づけているあたりで、この文章をつくった人たちに外国語を通じた豊かなコミュニケーション経験があるのかを訝ってしまいます。

十分な英語使用経験をもって英語を教えている人であれば、目的・場面・状況や相手

との関係性によって、それを用いたコミュニケーションが千差万別であることは自明で、海外旅行や日常生活が「初歩」だなどとは誰も言わないでしょう（しかもなぜ「会話」だけ?）。その意味で、このような「グローバル人材」の考え方が中高で英語を教えている先生方に浸透しているわけではありません。

しかし、後の教育振興基本計画や、毎年の文部科学関係予算事項に反映されることで学校現場に少なからぬ影響を及ぼしているのは、まさしくこうした外国語（英語）観・外国語（英語）教育観なのです。それは、ＡＬＴ（Assistant Language Teachers、外国語指導助手）の増員や、姉妹都市・姉妹校との交流による「異文化体験」事業、海外留学および留学生受け入れの促進、国際バカロレアの普及、民間英語能力試験の活用などで具体的な姿として現れます。

特に、教員の英語運用能力が「英検準1級相当以上の取得率」として毎年騒がれるようになったことや、「中学校卒業段階でＣＥＦＲのＡ1レベル相当以上、高等学校卒業段階でＣＥＦＲのＡ2レベル相当以上を達成した中高生の割合を5割以上にする」という「測定指標」が第三期教育振興基本計画に掲げられたことは、上述の「CAN-DOリスト」の形での学習到達目標整理を求められて混乱し、ＣＥＦＲの理解もままならない学校現場に、パフォーマンス・テストの実施などの形での対応を要請しています。

外国語教育の改善に向けた取組状況や教員・生徒の各技能の運用能力の報告において、何らかの指標や基準が与えられれば、ツールとしてそれを利用しようと考えるのは自然なことと言えるでしょう。

2　英語教育史的背景

上述の「グローバル人材」の考え方にはさすがに眉をひそめる英語教師が少なくないと思われる一方で、外国語教育のスタンダード化が文部科学省主導で進められ、そのこと自体や提示されるスタンダードに学校・教員レベルで違和感がもたれがたいことには、さらに、日本の英語教育の歴史にいくつか遠因を求めることができます。

端的にそれをまとめるならば、教科としても外国語政策としても目指すべき方向・目標がずっと明確でなかった歴史であり、誰も外国語としての英語を領有（appropriation）していると言えなかった歴史です。

前者について外国語教育は、戦後新たに義務教育に導入された際の選択科目という位置づけが必修科目へと変わり現在に至るまで、目的論レベルの混乱を様々に抱え続けてきました（寺沢、２０１４）。

高校入試への英語導入に向けた研究団体の運動や、国民教育としての外国語教育をめぐる「平泉・渡部論争」、中学校の授業時数の週3時間化問題、「『英語が使える日本人』の育成のための戦略構想」（2002年）、小学校段階での英語教育の導入、そして必修化・教科化、さらには昨今の大学入試への民間試験導入問題と、枚挙に暇がありません（前掲寺沢、2014のほか、南風原（編）、2018を参照）。

ここに、「外国語」と言いながら英語一辺倒であるという戦前から続く矛盾も加わります（縫部、1990）。外国科の目的および評価の方法・基準に合意のないまま、政策動向とその時の関係者の利害によって方向性が強く規定されてきたわけです。

後者について、1947年学習指導要領の教育理念は戦前からの「文学教育偏重」を改め、「実生活に即した『言語教育』を指導の中心に据えてい」たものの、それは実態として、日本社会における実生活に即するのではなく、英語圏で開発された教授法や外国人英語教師といった権威に頼るものとなりました（綾部（編）、2009、99頁）。50年代から80年代にかけて大量に出版され続けた叢書・事典・ハンドブック等を見ても、「日常的に触れる環境にない英語とはそもそもどういうものなのかを整理・解説し、『指導法』を整備する必要があった」ことがうかがえます（亘理、2014、240頁）。

英語教員の多くが、英語に関して外から与えられるそうした知識に学びながら、資格・検定試験によって自らの英語運用能力を証明してもらうという構造に慣れ切っています。

十分な資格・検定のスコアを有していたり、留学経験を積んだりした者も多く、World Englishes やＥＬＦ（English as a Linga Franca、リンガ・フランカとしての英語）という考え方がある程度拡がって、アメリカやイギリスの英語話者だけが規範ではないことは認識されるようになってきました。それにもかかわらず、「ネイティブ」という考え方に顕著に示されるように、どこかに自分より知識・技能において優れた者が常にいて、自分の英語はいつ否定されてもおかしくない。こと技能面においては、実際に英語を駆使して英語話者と日常的にコミュニケーションを取っていてさえ、「英語ができる」「自分なりの英語を使い教えることができる」と堂々と主張できる英語教師は多いとは言えないでしょう。**何らかの権威的なスタンダードを無批判に、あるいは自覚的に規範として認める素地があるわけです。**

以上の状況は、ある者には「ビジネス・チャンス」に映ります。日本人が外国語ないしは英語にコンプレックスを抱き、できない（という意識をもった）ままでいてくれるほうが、英語教育ビジネスとしては利益を生むチャンスが多くなるわけです。

その影響を受けて、子どもたちがどういう経験を求めていてそこから何が学べるかということよりも、**どうしたら自分たちがやっていることを「グローバル（人材）」や**

「コミュニケーション（能力）」という器に詰め込めるかに腐心する状況が小中高大に陰に陽に拡がっているのが、いまの外国語教育を取り巻く状況だと言えます。

コミュニケーションを問い直そう

ここでは、教育方法学・英語教育学を専門とする立場から、外国語としての英語教育にとってこの状況の何が問題なのかについて、大きく三つのことを指摘します。

1　無批判に体験を並べたがる

まず、外国語接触・異文化体験に対する過度の、一面的な信頼を指摘することができるでしょう。上述の政策関係者だけでなく、英語を教える教員の間でも、ＡＬＴの増員や姉妹都市・姉妹校との交流、イングリッシュ・キャンプへの参加、留学体験者の増加などこそが、外国語教育の充実ととらえられている向きがあります。その背後にあるのは、「本物」に触れる経験は多ければ多いほうがよいという経験主義的信念です。

これがスタンダード化と軌を一にすると、「あれをやった、これもやった」と体験的活動を総花的に列挙した各自治体教委や学校の報告書が溢れることになります。そしてそういう報告書がまた、流行《はや》りの活動実施を欠く学校が遅れているように見せることになります。

体験的活動自体が無意味ということはありませんが、場当たり的な経験を重ねることが外国語の学びを保証したり深めたりするわけではありません。**問うべきはむしろ、児童・生徒がそういう体験を欲（するだけの授業内外の経験・思考を提供）しているかどうかであり、外国語科や学校全体のカリキュラムとどういう関係にある経験なのかということです。**

外国語教育のイベント主義的傾向は、これまでも英語スピーチ・コンテストなどにその温床はありましたが、必ずしもカリキュラムとの整合性をもたず、授業に組み込む工夫、あるいは後づけの理屈は、学校・教員任せであることがしばしばです。

修学旅行先で「外国人」に英語で話しかける取組など、児童・生徒の偏見を強めかねない実践も横行しています。なぜ偏見を強めかねないかと言えば、その課題に対して子どもたちはたいていの場合いかにも英語話者的な（非アジア的な、あるいはホワイト・アングロ・サクソン的な）見た目の人に話しかけることを選ぶ可能性が高いからであり、その人たちのなかにも非英語話者は多くいるにもかかわらず、それを無視した「英語を話せるのが当たり前」という振る舞いを助長するからです。取組の後で振り返りを行って、バイアスへの気づきを促している教師は稀でしょう。

「外国語教育の充実」と言いながら、英語学習・使用のみを求める上述の「矛盾」は、実は金科玉条のように掲げられているCEFRの「複言語主義」の理念にも反していま す（亘理、2018）。CEFRは、「言語共通」とあるとおり、もともと、英語に限らない参照枠組であるというだけでなく、個々人が複数の言語・方言の運用能力をもち、やり取りの相手や状況に応じて、自分にできる限りでそれを駆使するという価値観を特徴としています。

国の「グローバル（人材）」の把握は（日本語話者から見た）ビジネス・観光に偏っていましたが、「グローバル化」とは生活のなかでは、一緒に学んだり働いたりする人、地域のコンビニやスーパーの店員さんなどに日本語母語話者ではない人が増えていたり、購入する物や利用するサービスがそれと気づかぬ間に外国を経由していたり、外国とのやり取りが発生するものであったりすることに表れます。

英語はそこで個々人が用い得る選択肢の一つにすぎません。こうした視点に基づく理論的・実践的考察は、むしろ日本語教育や、英語教育の周辺領域のほうで盛んに行われているのが皮肉な実態です（佐藤・熊谷（編）、2012／佐藤・佐伯（編）、2017／佐藤・高見・神吉・熊谷（編）、2018／佐藤（編）、2019など）。

この状況を許す、あるいは後押しする学校内外の要因には、上述の英語教育史的背景以外に現状、三つほどが挙げられます。

まず、そういうものを味わえなかった大人世代のルサンチマンです。これは、先ほどの修学旅行の例や英会話塾への早期傾倒のような形で、英語帝国主義・英語母語話者至上主義を助長し、その権威に基づくスタンダードを支持します。

次に、「習うより慣れろ」で英語を身につけた（と思っている）経験主義的信念層の存在です。行動主義とスキル学習理論に基づく学習観が、練習を繰り返して到達すべきスタンダードを肯定的にとらえます。

最後に、英文学・英語学それ自体や、英文学・英語学出身の英語教員による文化や言語構造についての百科事典的知識教授に対する嫌悪です。英語教育に対する反知性主義と言い換えてもよいでしょう。スタンダード化しがたい教養主義的な目的を嫌います。

2　誰も「コミュニケーション」の中身や妥当性を問わない

上述のような体験について、何をしているかばかりが語られ、そこで実際にどのようなコミュニケーションが行われているかが問われることはまれです。

たとえば、小学校外国語科の移行期間用に文科省が作成した *We Can!* には、**資料**の

資料

Haruto：Hi, Hana. I like your T-shirt. It's a nice color.

Hana：Thank you. I like orange. I like dogs very much. How about you, Haruto? What color do you like?

Haruto：I like purple. I like soccer very much. I play soccer every day. Oh, I'm hungry.

Hana：Me, too. What's for lunch?

Haruto：It's subuta, sweet and sour pork. I like carrots and green peppers.

Hana：Really? I don't like carrots. I like green peppers and onions.

はると：やあ、ハナ。君のTシャツ、好きだな。良い色だね。

はな：ありがとう。オレンジ色好きなの。すごく犬が好き。はるとはどう？何色が好き？

はると：紫色が好き。サッカーがすごい好き。毎日サッカーするんだ。ああ、お腹空いた。

はな：私も。お昼ご飯はなんだろう。

はると：酢豚だよ。甘くて酸っぱい豚のやつさ。人参とピーマンが好きなんだ。

はな：本当に？私は人参好きじゃない。ピーマンと玉ねぎが好き。

ようなやり取りがあります（文部科学省、２０１８、20頁／亘理、２０１９）。日本語に訳してみると、その不自然さがより明白になるでしょう。

動画を視聴し、紙面上で２人の好きなもの・ことを線で結ぶという課題のために、オレンジ色のＴシャツを褒められて「オレンジ色好きなの」と応じた直後に突如「犬がすごい好き」と言ったり、質問に答えて「紫色が好き」と答えた後に突如サッカーの話をはじめ、「ああ、お腹すいた」と勝手な話題転換を行うやり取りを児童は見なければならないわけです。

この例が象徴しているのは、やり取りの外にいる第三者が、教える都合だけで構成したものを会話（conversation）と称するコミュニケーション観です。はるとの冒頭の発言を除けば、ここには、はなとの対話における「わがこと」としてのテーマ、つまり言語使用の当事者の視点が全く欠けています（細川、２０１９）。第三者的なやり取りの吟味を通じて、「トンチンカンな会話だけど、とにかくはるとははなさんと仲よくなりたかったのかな」などと、２人の関係について思いを巡らす視点もありません。これによって「聞くこと」の技能を身につけ、「育成を目指すコミュニケーション能力」とはいったい何なのでしょうか。

こうした教材に欠けているのは、コミュニケーションには聞き手であれ読み手であれ相手がいるということであり、会話は大部分において偶発的（contingent）な性格のものであるという想定です。

コンビニやファーストフード店の会話に代表されるように、話し言葉でのやり取り（spoken interaction）の目的がレストランで注文をしたりホテルの予約をしたりといったトランザクション（transactions）であれば、使用する表現や展開はある程度予測がつきます（Richards, 2015, p. 417）。しかし、会話や雑談（small talk）の場合、対話の参与者が共通の基盤を最初からもっているわけではありません。そこでのコミュニケーションは、お互いに発言や反応を通じて探りながら、共通の基盤がだんだんつくられていく過程にほかならないのです。

その意味で、現在の外国語教育の主流をなす「コミュニカティブ・アプローチには、予期せぬやりとり、また、相互のやりとりや交渉によってつくり出される意味という考え方への視点が欠けているように思われる」（佐藤（編）、２０１９、15頁）という指摘は正しく、**コミュニケーション能力（の伸長）をスタンダード化しようとすればするほど、コミュニケーションがもつべき最も重要な特性が失われる**というわけです。

外国語科は、異なる学校種を貫いて「コミュニケーションを図る資質・能力」の育成を目指しています。「CAN-DO リスト」によって、４技能で達成が目指される行為、または果たしてほしい言語の働きはあれもこれもと並べ立てられていますが、そのパフォーマンスにおいて実際に生徒たちがどのような表現を受容し産出したのか、ほかにどういう表現の可能性があったのかが吟味されることはあまりないのが現状です。

授業中のペアやグループでのコミュニケーション活動の場合も同様で、授業者やクラスメートからのフィードバックは、あったとしても単語や音素レベルの発音や文法的誤りの指摘、あるいは声の大きさ（big voice!）、表情（smile! あるいは eye contact!）、ジェスチャー（gestures!）といった伝え方（delivery）一般の特性に偏りがちです。

こうした発想のもとでは、センサーが感知すると「足元にお気をつけください」と繰り返すエスカレーターの自動音声のように、あるいはあらゆる客に決まったタイミングで「ポイントカードはお持ちですか？」と尋ねる店員のように、与えられた状況に対して**あらかじめ**決められた表現を一対一対応で暗記して、「正解」として差し出す儀式（を遺漏なくこなす能力）が「コミュニケーション（能力）」とされかねません。

これは、教材や活動のレベルにおいて対話の型や使い勝手のいい定型表現を提供してはいけないということではありません。**教材や他者から学んだ言語表現を自分のレパートリーとし、その利用可能性を拡げるためにこそ、コミュニケーションの動的性格を考慮した言語使用経験とその振り返りが求められる**のです。

佐藤（編）（2019、13頁）は、コミュニケーションが「必ず（一般化できない）特定の文脈の中で起こるものであり、その一般化には限界がある」ことを指摘しています。外国語に関する知識・技能のスタンダード化は、活動の媒介性・知識の文脈性・意味の交渉性を教科の目標・内容のレベルで十分に検討することなく、全てを個体の能力に帰属させる能力観にも支えられています（石黒、1998／山口、2014）。

これまでの外国語教育の考え方では、流暢かつ正確に話したり書いたりすること（の追求）が無条件に善とされがちですが、むしろ**ある特定の文脈における特定の振る舞いがコミュニケーションという観点から見てどうであったか、ほかにどうであり得たかを学習の過程で問う視点こそが求められている**と言えるでしょう。固定的な対話（の想定）を一方的に相手に押しつけるようなコミュニケーションが、「グローバル人材」の定義からも全く遠いものであることは、この政策を推し進めてきた人たちにも自明であるはずです。

3　教科目的論の不在が表面的な技術主義を招く

「グローバル人材育成推進会議」中間まとめの「『道具』としての語学力・コミュニケーション能力」の強調は、「言語知識（文法）としての」、あるいは「（従来型の）受験学力としての」に対するアンチテーゼだと推察されます。

同時に、このような「技術主義」への批判は、「4技能論」と呼ばれた1958年告示の中学校学習指導要領外国語科編に対して半世紀も前に示されています（林野、1969）。教養対実用、文法対コミュニケーションといった二項対立的論争も形を変えて何度も繰り返されてきました。

要するに、**何のために英語を学び、何のために英語でコミュニケーションをするのかという目的論のレベルでの合意が社会にないまま必修科目として学ばせられているという状況が、手っ取り早い（大半の学習者にとっては実態も展望もない）実用論を外在的目的論として参照させる**というわけです。

2017年告示の学習指導要領が依拠するCEFRは、ヨーロッパ圏内で成人学習者が生活し、仕事をしていくうえで必要とされる言語能力を開発する目的でつくられたシラバスです。

国レベルの教育課程やテストに影響を及ぼしている実態が諸外国にもある（Byram & Parmenter（Eds），2012）とはいえ、もともとは、「異なる言語話者同士が互いを理解し、ともに生活していく」（山川、2010、54頁）ために、その言語を用いた社会生活上のさまざまな課題の達成状況を通じて、言語使用者が現時点での運用能力を自ら把握するためのものという性格をもっています。

つまり、各人にとっての、そのときどきのチェックリストというのが本来的な機能であって、教える側が利用する際の眼目も本来、学習者のニーズのきめ細かい把握やそれを満たすために必要な教育課程・教材の開発にあるのです。

ただ一方で、ＣＥＦＲには、その基盤が「母語話者の能力の確実な記述」にあり、「功利主義的なコミュニケーション論」であるという批判も与えられています（Cook, 2011, p. 149）。これがごく表面的に表れているのが「グローバル人材」の概念であるわけですが、この論理に基づくスタンダード（化）は母語話者を頂点とするパーフェクショニズム（卓越主義）に向かわざるを得ません。厄介なのは、**現状の日本においては、上述の英語教育史的な背景が、このパーフェクショニズムを固定化・絶対化させてしまう**ということです。

ヨーロッパ圏内であれば、実際に日々その言語を使用する人々の交流により、ＣＥＦＲが記述しているとされる「母語話者（の能力）」という概念自体が揺るがされ、「反省的に問い直され、批判される」ことが担保されているということもできるでしょう（中村、２０１８）。少なくとも、現在の日本の多くの地域や学校にそうした環境を見いだすことは困難です。

中村（２０１８）は、〈能力不安〉から生じる「新しい能力」への強迫観念的渇望の例として「英語四技能（なかでもスピーキング）」の推進を挙げています。その「スタンダード」として示されている目標が、われわれのコミュニティにおける外国語使用の実態に基づくものでも矛盾に向き合うためのものでもないとすれば、それはいったい誰のための、何のための外国語教育で、いかなる「教育の質」を保障するのでしょうか。こうした**能力主義の暴走を相対化し、「正答」を差し出す儀式を「コミュニケーション」ととらえてしまうことを防ぐためにこそ、外国語教育の教科目的論の再構築が求められている**と言えます。

対話実践的外国語教育へ向けて

外国語教育をめぐる以上の状況に対して、亘理（2019）は、「外国語科は、自他にとって心地よいコミュニケーションとはどういうものかについて考え、ことばを駆使してそれを実践するための教科である」という教科目的論を提示しています。これは、公教育における外国語教育を、社会のなかでの英語（使用者）のあり様について批判的にかかわり続けるべく、言語と言語使用に関する「過去の学習の妥当性を省察的な討議を通じて確認し、そこから生ずる洞察に基づいて行動する能力を次第に高めていく」ものとして構想し直すことを意図したものです（メジロー、2012、11頁）。

そのような目的論のもとでの授業においては、当然、すべてのコミュニケーション（活動）がうまくいくわけではなく、偶発的展開にうまく対応できず、不首尾に終わることもあるはずです。むしろその「失敗」を体験できることこそが重要だと言えます。**「誤りなく、成功しかしない、予定調和的コミュニケーション」から離れられたときにはじめて、学校教育の一環としての外国語教育は、もっと言えば授業におけるコミュニケーションは、それに必要な能力の探究を次の段階へと進められる**でしょう。

小学校の段階から、コミュニケーションの標準化・無機質化に抗い、外国語の学習を通じて自己（認識）、他者へのまなざし・向き合い方、ことばの見方考え方・使い方のそれぞれに変容がもたらされるような授業として外国語教育の諸実践を見直したとき、自らの外国語の資源を豊かにするものとして共有することに意味があるスタンダードとはどういうものか、改めて考えてみる余地があるように思います。

（亘理陽一）

〈参考文献〉

●綾部保志（編）（２００９）『言語人類学から見た英語教育』ひつじ書房
●Byram, M., & Parmenter, L. (Eds.), (2012). *The common European framework of reference : The globalization of language education policy*. Bristol : Multilingual Matters.

●Cook, V. (2011). Teaching English as a foreign language in Europe. In E. Hinkel (ed.), *Handbook of research in second language teaching and learning, Volume II* (pp. 140–154). New York : Routledge.
●L・ダーリング・ハモンド（深見俊崇ほか訳）『パワフルラーニング：社会に開かれた学びと理解をつくる』北大路書房
●福田敦志（２０１７）「授業のスタンダード化と教育実践の課題」日本教育方法学会編『学習指導要領の改訂に関する教育方法学的検討』（１１２〜１２５頁）図書文化
●南風原朝和（編）（２０１８）『検証迷走する英語入試：スピーキング導入と民間委託』岩波書店
●林野滋樹（１９６９）「各教科の教育課程：外国語科」城戸幡太郎（編）『教育課程の構造』（２６４〜２７５頁）日本標準テスト研究会
●細川英雄（２０１９）『対話をデザインする：伝わるとはどういうことか』筑摩書房
●石黒広昭（１９９８）「心理学を実践から遠ざけるもの：個体能力主義の興隆と破綻」佐伯胖・佐藤学・宮崎清孝・石黒広昭（編）『心理学と教育実践の間で』（１０３〜１５６頁）東京：東京大学出版会
●勝野正章（２０１６）「自治体教育政策が教育実践に及ぼす影響：授業スタンダードに着目して」『日本教育政策学会年報』23、95〜１０３頁
●子安潤（２０１６）「子どもの未来をひらく授業づくり」竹内常一・子安潤・坂田和子（編）『学びに取り組む教師』（18〜38）高文研
●ジャック・メジロー（金澤睦・三輪建二（監訳））（２０１２）『おとなの学びと変容：変容的学習とは何か』鳳書房
●文部科学省（編）（２０１８）『We Can！1　指導編』文部科学省

●中村高康（2018）『暴走する能力主義』筑摩書房
●縫部義憲（1990）「新制中学校における外国語教育の出発」『日本教科教育学会誌』14、3、117～126頁
●Richards, J. C. (2015). *Key issues in language teaching*. Cambridge University Press.
●佐藤慎司（編）（2019）『コミュニケーションとは何か：ポスト・コミュニカティブ・アプローチ』くろしお出版
●佐藤慎司・熊谷由理（編）（2013）『異文化コミュニケーション能力を問う：超文化コミュニケーション力をめざして』ココ出版
●佐藤慎司・佐伯胖（編）（2017）『かかわることば：参加し対話する教育・研究へのいざない』東京大学出版会
●佐藤慎司・高見智子・神吉宇一・熊谷由理（編）（2018）『未来を創ることばの教育をめざして［新装版］：内容重視の批判的言語教育（Critical Content-Based Instruction）の理論と実践』ココ出版
●澤田俊也（2018）「都道府県による授業スタンダードの作成状況とテキスト内容の検討」『国立教育政策研究所紀要』147、205～221頁
●寺沢拓敬（2014）『「なんで英語やるの？」の戦後史』研究社
●山口毅（2014）「第3報告・教育に期待してはいけない」広田照幸・宮寺晃夫（編）『教育システムと社会：その理論的検討』（46～60）世織書房
●山川智子（2010）「『ヨーロッパ教育』における『複言語主義』および『複文化主義』の役割」細川英雄・西山教行（編）『複言語・複文化主義とは何か：ヨーロッパの理念・状況から日本における受容・文脈化

へ』(50～64頁)くろしお出版
●亘理陽一(2014)「第Ⅳ部教科・領域の教育方法学研究第1章言語と教育第2節外国語科・英語教育」日本教育方法学会(編)『教育方法学研究ハンドブック』学文社、240～245頁
●亘理陽一(2018)「英語という言語の特質：どのような英語を学び教えるのか？」酒井英樹・廣森友人・吉田達弘(編)『「学ぶ」・「教える」の観点から考える実践的英語科教育法』(4～22頁)大修館書店
●亘理陽一(2019)「対話実践的に英語を学ぶ」『教育』878、2～10頁

第8章

大学入試改革

―それで高校教育は本当に変わるのか？

大学入試改革は教育改革の「適切な処方箋」なのか？

（大学入学共通テストに導入される）英語の民間試験をめぐっては、2019年11月1日に大学入試における英語の民間試験活用の延期、12月17日に大学入学共通テストの記述式問題導入の見送りが決まりました。

これは、萩生田光一文部科学大臣（第25代）の「身の丈」発言が引き金ともなった対応ですが（2019〈令和元〉年10月24日放送のBS番組）、そもそも、英語の民間試験については、地域的に受験会場がない（あるいは、足りない）ことに加え、受験費用の経済的負担の大きさが問題にされていましたし、大学入学共通テストの記述式問題については、採点結果と受験生の自己採点の不一致に加え、（採点者がアルバイトを想定されるなど）採点の質などが問題にされていました。

これらのことは、どちらも公平性の問題、つまり、「受験生が、公平に扱われず不利益が生じる」という問題であったと総括できます。「学力試験による1点差刻みの選抜が、受験生にとって最も公平であるという概念を見直すよう呼び掛けてきた」（中央教育審議会1999〈平成11〉年）ことから続く大学入試改革が、いったん「公平性」の問題で頓挫するとは皮肉にも感じられます。

ＡＯ入試が国立大学ではじめて導入された２０００（平成12）年以降、選抜方法の多様化や評価尺度の多元化に基づく大学入試改革が進められました。しかし、**20年ほど経過したいまでも、中央教育審議会が打ち崩そうとした「公平性」信仰が、依然「根強く残っている」（中央教育審議会、1999年）ことが証明された**ようにも思います。

この間、中央教育審議会は、「世の中の流れは大人が予想するよりもはるかに早く、将来は職業の在り方も様変わりしている可能性が高い」（中央教育審議会２０１４年、１頁）と指摘し、「２０１１年にアメリカの小学校に入学した子どもたちの65％は、大学卒業後、いまは存在していない職業に就く」というキャシー・デビッドソン氏（ニューヨーク市立大学大学院センター教授）の予測を根拠として脚注で挙げています（中央教育審議会２０１４年、１頁）。

こうした危機意識に基づいて、「そうした変化の中で、これまでと同じ教育を続けているだけでは、これからの時代に通用する力を子供たちに育むことはできない」（中央教育審議会２０１４年、１頁）という問題意識を喧伝してきたのです。

また、ＡＩロボットに大学入試問題を解かせるというプロジェクト（「ロボットは東大に入れるか」）についても、国立情報学研究所の新井紀子教授のもとで、２０１１（平成

23）年に開始され（新井、2018年a・b）、2016（平成28）年には、進研模試総合学力マーク模試で偏差値57・1を（国立情報学研究所、2016年）、2019（令和元）年には、大学入試センター試験の英語の問題で185点を記録するに至っています（日本電信電話株式会社・国立情報学研究所、2019年）。こうした研究成果も、暗記中心であるかのように信じられているテスト勉強を続けることへの否定的な傍証のように、私たちの目に映ることを手助けしていいるのかもしれません。

これまでも、私たちは、教育を劇的に変える「手段」として、大規模統一共通テストの制度設計を伴う大学入試改革に頼ってきました。

戦後日本に進駐してきたGHQは、旧態然とした日本の大学入学者選抜制度を変革するために、米国のSATを模した進学適性検査（1948〈昭和23〉年～1954〈昭和29〉年）の導入を謳いました。

それに対して、中央教育審議会「38答申[①]」は、マンパワーポリシーの理念に基づき、過度に加熱した受験競争を回避し、適切な能力や適性のある人材を選抜する科学的な選抜方法を開発するために、能研テスト（1963〈昭和38〉年～1968〈昭和43〉年）の導入を謳いました。

さらに、中央教育審議会「46答申[②]」は、入試問題の難問奇問をなくし、受験戦争の加熱状況を緩和するために、共通1次学力試験（1979〈昭和54〉年〜1989〈平成元〉年）の導入を謳いました。

その後、臨時教育審議会第一次答申では、高等教育の大衆化に対応するため、（それまでは5教科7科目受験が基本だった）国立大学のための共通1次学力試験から、科目をアラカルトに選択できるとともに、私立大学も参加できる大学入試センター試験（1990〈平成2〉年〜2020〈令和2〉年）への転換を謳いました（木村、2015年）。

今回の大学入学共通テスト（2021〈令和3〉年〜）の場合も、（先に述べたように）教育へのある種の危機感に基づいています。

いつの時代も、大学入試改革は、教育改革の目玉として扱われてきましたが、それらは、はたして、本当に「適切な処方箋」だったのでしょうか？ 仮に、問題認識そのものが間違っているのだとしたら、その処方箋は機能しないこととなるでしょう。では、大学入試改革という手段が間違っていたのでしょうか？ それとも、教育危機の改善という目的を見誤っていたのでしょうか？ ここはじっくり、大学入試をめぐる

〈注①〉戦後の高等教育の方向性を示した答申で、昭和38年1月に公示されたことで、通称「38答申」という。
〈注②〉こちらも昭和46年に公示されたことによる通称。明治初頭の学制発布、戦後直後のＧＨＱによる教育改革に続く、「第3の教育改革」と位置づけられていた。

語りを紐解いて、議論を整理していく必要があるでしょう。

高校教育変革の手段としての大学入試改革

〝大学入試改革は、教育改革の手段である〟という考え方には、この国で共有してきた、ある大きな前提があります。それは、〝大学入試は、高等学校以下の教育に（悪）影響を与える〟という前提です。

たとえば、現行の大学入学実施要綱では、「高等学校における適切な教育の実施を阻害することとならないよう配慮する」（文部科学省高等教育局長２０１９年、１頁）と記載しています。この文言は、１９５６（昭和31）年度大学入学者選抜実施要綱で（文言を変えながら）掲載され続けており、以前は「高校教育を撹乱する／乱すことのないよう」と記載されていました。要するに、大学入試は、高校教育を阻害したり、撹乱したりするような「悪玉」として考えられていたわけです。

このことは、**よくも悪くも、高校教育は大学教育の動向に一喜一憂し、受験対策教育に追われてきた**ことを意味します。「高校教育が受験対策教育一辺倒になった結果、詰め込み教育中心となり、生徒の本当の学ぶ意欲・関心・態度が育たない」という批判です。このことは、本当の「学問知」に触れるような教育を高校では行うことができない、と言い換えることができます。

ただ一方で、高校側が、高校生を勉強させる手段として、受験対策教育を上手に利用してきた側面もあると思います。「大学入試問題は、大学からの（何を解答できるようになってきてほしいのかという）メッセージである」と語りは、高校教育ではよく使われるものです。

大学入試で出された過去問から問われていることを読み解くという受験勉強が行われてきました。ここには、〝必ず大学入試問題には、大学が問いたい内容が含まれており、それに合わせた解答を行うように高校生を訓練する〟という意味合いが、暗黙のうちに含まれているように思います。

近年、入試ミスが相次ぎ、受験生の合否に影響を与えたことから、2019（平成31／令和元）年度の大学入学者実施要綱から、（標準的な）解答や出題意図の公表が求められるようになりました。その趣旨は、次のとおりです。

●個別学力検査における試験問題やその解答については、当該入試の実施以降に受験者や次年度以降の入学志願者が学習上参考にできるようにする。

●解答については、原則として公表するものとする。ただし、一義的な解答が示せない記述式の問題等については、出題の意図又は複数の若しくは標準的な解答例等を原則として公表するものとする。

（文部科学省高等教育局長、2018年、8頁）

このことも、入試（採点）ミスが発覚してほしくない以外の様々な理由から、解答例や出題意図を開示することを渋る大学側と、過去問や解答例から受験対策をしたい受験生や高校などからの要望との狭間でせめぎ合いのうえで生じた一つの帰結です。

つまり、〝**受験勉強では生徒の本当の学ぶ意欲・関心・態度が育たないけど、受験対策（教育）はやめられない、こうした相反する二律背反的な志向をもっていて、なおかつ、不公平に扱われることには過敏に反応する、というのが大学入試を巡るアポリアだ**〟と総括できるでしょう。

生徒の本当の学ぶ意欲・関心・態度が育たないことと（悪い影響として）、高校が受験対策教育を行うこと（よい影響として）は、大学入試が高校教育に影響を及ぼす、という意味で、両者とも同根であることは明らかです。このことは、現状を分析する大切な視点です。

以上を踏まえながら、昨今の大学入試をめぐる語りをまとめると、次のようになります。

1　大学入試を巡る語り①

●マーク式のテストはいわゆる「思考力」や「表現力」を測ることができるテストではない。マーク式である大学入試センター試験は、暗記中心の学習（受験対策教育）を促進するため、高校教育に悪影響をもたらす。よって、高校教育が、暗記中心の学習（受験対策教育）からの脱却するため、まずは、大学入試センター試験にも、記述式問題の導入が必要である。

この語りは、一見、説得力をもっているように聞こえます。しかし、この論理は破綻していることに気づきます。なぜなら、記述式の導入が議論されていたころから、参考書として、大学共通テストの国語記述式の問題集の販売が相次いだり、かえって高校教育で、大学入試センターがプレテストで公開した自己採点基準に応じた記述式の解答パターンを教え込む受験対策が懸念されていたからです。つまり、受験対策が、学校内でなくても、受験産業などの学校外で横行するからです。

これも、問題にある種の解答（あるいは採点基準）が存在していたり、それの公開が前提となっているからこそ起こる、学問の本質に触れたり思考力・表現力を高めたりすることとは別次元の教育方法（受験対策教育）から生じる現象です。

また、少し話がずれますが、高校側が、暗記中心の学習（受験対策教育）を本当に歓迎しないのであれば、学力以外の成績資料も用いて選抜し、「入学志願者の能力・適性や学習に対する意欲、目的意識等を総合的に評価・判定する入試方法」（文部科学省高等教育局長2019年、2頁）であるＡＯ入試（2021〈令和3〉年度からは「総合型選抜」という名称に変更）などが、もっと高等学校から歓迎されてもいいかと思います。

ですが、実際には、国立大学で2000（平成12）年から導入されて約20年あまり、学力試験で合格できない生徒をＡＯ入試に送り込むといった受験指導が定着した感もあります。ある程度、受験対策がやりやすい（合否を読みやすい）学力試験による一般選抜が歓迎されることを踏まえれば、やはり、**高等学校側にとっては、〝大学入試は受験対策を練るものだ〟という前提があるよう**に思います。

2　大学入試を巡る語り②

●我が国が、国際競争力を担保し続けるためには、グローバル人材の育成が必須である。真のグローバル人材を育成するためには、現行のリーディングとリスニングのみの大学入試センター試験の英語テスト問題を取りやめ、日本人の不得意なスピーキングとライティングも含めた英語四技能を評価する民間英語テストを大学入試において活用する方向性が望ましい。

こうした考え方は、２０１１（平成23）年６月に出された（社）日本経済団体連合会の「グローバル人材の育成に向けた提言」や、２０１３（平成25）年５月に出された自由民主党の教育再生実行本部第二次提言、同10月に出された教育再生実行会議の第四次提言「高等学校と大学教育との接続・大学入学者選抜の在り方について」を経て出てきたものです。２０１４（平成26）年12月中央教育審議会答申では、記述式とともに、民間英語試験の活用が謳われました。

実は、あまり知られていないことですが、大学入試センター試験の英語テスト問題のなかでは、スピーキングは発音記号で、ライティングは語句整序問題で代替されて出題されてきていました。大学入試センター試験では、英語によるリスニングテストも、２００６年から導入されています。

他方、韓国に目を向けると、グローバル人材育成の議論があり、民間英語試験への過度な依存を避けるために、２００９（平成21）年から国家プロジェクトとして、（一説には１００億以上もの巨費を投じて）自前で国民英語能力試験（National English Ability Test：

NEAT）を制度設計しました。

しかし、実施に際して、以下の問題が山積したことが知られています（たとえば、安河内、2014年／朴、2019年）。その結果、2013（平成25）年の大学入試から活用する予定であったのが、結局、朴槿恵大統領により廃止が決定されました（たとえば、安河内、2014年／朴、2019年）。

● 2009（平成21）年から2011（平成23）年までのパイロット試験、2012（平成24）年の2回の試行テストを経て、受験産業がますます盛んになったこと。
● 識別力がないと上位の大学の多くが活用見送りを決定したこと。
● サーバーがダウンするなどの障害が起こったこと。
● 高等学校側から対策が間に合わないの批判が出たこと、など。

再び日本に目を向けると、大学入試制度改革を検討する一方、それと同時に、学習指導要領の改訂も議論されていました。2017、2018（平成29、30）年に学習指導要領は改訂され、高等学校では、2019（平成31／令和元）年度から移行措置がスタートし、2022（令和4）年度より新しい学習指導要領が（年次進行で）全面実施されます。

そのため、2022（令和4）年度入試から、移行措置のもとに学習した高校生が受験するのですが、特に、英語については、課題があるとされた「話す」「書く」ことの言語活動が強化されました。

こうしたことから、「学習指導要領も改訂するのだから、大学入試も変わらなければならない」「そうしないと、高校教育は変わらない」という主張が、そこかしこで展開されました（国語の記述式に対しても、おおむね同じロジックです）。ただ、先の韓国の事例もあるので、国が自前でつくるとコストがかかりすぎます。そこで、「民間英語試験を活用しよう」という展開になったわけです。

ここで、「これだけ学習指導要領を変えたのに、高校教育は変わらないのか？」という疑問が起こります。やはり、ここにも、〝受験科目として課されないと高校生が勉強しない〟〝受験対策を行うようにしないと高校生が勉強しない〟という考えが見え隠れします。

「テストは万能である」という幻想からの脱却

では、大学入試を変えれば、高校教育は本当に変わるのでしょうか？

この考えを支持する人は、過度に「テスト」を信じていやしないか、「テストが（高校教育を変えるという意味で）万能である」という幻想に囚われていやしないでしょうか。受験対策という意味では、**新しい「テスト」が誕生すれば、それに応じた新しい受験対策が生じるだけだ**と思います。

私は、ある程度はそれは致し方ない、と考える立場ですが、一方で、それを前提にするのであれば、私たちは、永遠に、受験対策教育から逃れられない、つまり、それ以外の教育の選択肢がない教育しか行う余地がない、ということになってしまいます。

また、大学入試を専門とする大学教員として感じてきたことは、高校教員が考えているほどと同じ程度には、大学教員は大学入試に関心がないということです。このことは、高校教員が、大学への進学実績で評価されるということと無関係ではないと考えています。

大学教員は、有名高校から何名入学させたかで評価されることはありません。研究業績や教育業績で評価されます。それゆえに、**大学教員の関心事は、真に優秀な学生が入ってくるか否かであり、大学入試の方法**（およびその改革）**そのものには、あまり関心がない**のです。どんな入試方法であれ、結果、優秀な学生が入学さえしてくれればそれでいいからです。

逆に言えば、優秀な学生が入ってこなくなった、と大学教員が感じれば、大学入試を変える十分な動機づけになる、ということも容易に起こりうるでしょう。もっと言えば、研究大学の教員であれば、（なお、その傾向が強いと思いますが）大学の学問に適応する、学問知をもった、学生に入学してほしい、と強く思っているはずです。

ただし、この思いは条件つきです。それは、**自分の教育や研究に時間を割きたいと思っているので、なるべくコストをかけずに、優秀な学生に入学してほしいと考えているのです。**

学内の会議では、アメリカのような入試専門官（アドミッション・オフィサー）を置いて、〝選抜を一任したい〟という意見が、（特に、海外経験が豊富な教員から）しばしば出されます。ただ、この方法は現実的ではありません。

なぜなら、日本の大学入試は、アメリカのそれと違って、学問分野別（学部別）入試だからです。そのため、主体性評価を取り入れれば取り入れるほど、また、（ペーパーテストであっても）教科のテストであればあるほど、大学の専門に基づいた「専門知」が必要になってきます。つまり、「専門知」に応じて入試専門官（アドミッション・オフィサー）を揃えられることが必須条件となるのです。それは、予算の面からも人材の面からも、実際には不可能なことです。

（大学入学共通テストに代表される）大学入試における全国規模の大規模共通テストは、

57万6、830人（2019〈平成31／令和元〉年度）が受験する大規模テストです。これもコストと無関係ではいられません。

民間英語試験で2回受験するとしたら、大学入試センター試験を受験する学生に限定しても、最低限120万人の解答処理が必要になります。「その人数の解答処理をどこが請け負うのか」これも今回の大学入試改革の大きな論点です。

これまで、AIの力を借りて記述式の答案を仕分けするとか、英語についてはスピーキングの採点を海外の英語圏の国に下請けに出すとか、いろんな議論が出ました。記述式については、各大学で採点するという案もありましたが、かなり初期の段階で、採点者の人数を揃えられない大学からの反対によって消えています。

記述式を導入して高校生の表現力を向上させる、英語四技能の試験を導入してグローバル人材の育成を行う、という「目的」を、今回の大学入試改革では前提としてきました。しかし、「手段」として大規模共通テストを用いるとなると、必ずコストの問題が出てきます（大学教員自身もコストをかけたくない、あるいは、かけられない）。それをハイテクスに、自身の処遇に決定的な影響を与える制度設計にすればするほど、厳密さを要求する「公平性」の問題がもち出され、立ち行かなくなってしまうのです。

また、高校教育で受験対策が横行することを踏まえれば、大規模共通テストが50万人ほどの受験者数をもっていることから、一見、大規模に影響を与えることが期待されます。しかし、その実、思ったほどはその「目的」に合致しない結果しかもたらされない、ことも容易に想像がつきます。

「テストが（高校教育を変えるという意味で）万能である」というのは、私は幻想だと思います。思ったほど、高校教育を変えるものではないのです。

それならば、いったいなぜ、入試改革は繰り返され続けているのでしょうか？

結論を先取りすれば、**有限の組み合わせしか、入試改革の方法がない**からです。あっちがダメだったら、（ときにはその経緯すら忘れて）こっちを試す、の繰り返しなのです。

「入試制度改革は、同じパターン（対立軸）で繰り返される」

この見解は、古く１９７１（昭和46）年の中央教育審議会答申『今後における学校教育の総合的な拡充整備のための基本的施策について』（先述の「46答申」―１９７１〈昭和46〉年６月11日付答申―）の中間報告である『わが国の教育発展の分析評価と今後の検討課題』（１９６９〈昭和44〉年６月30日）に登場します（中央教育審議会１９６９年、１７１頁）。

下記の箇条書きには、導入（実施）と廃止が織り成された入学者選抜制度改革が五つ並んでいます。調査書選抜か筆記試験選抜か、客観式テストか記述式テストか、人物重視か学力重視か、という対立軸、あるいは、適性検査・口頭試問・面接を導入するか否か、またあるいは、総合選抜制の導入など選抜方法以外のシステム変更などです。

a　①受験準備教育の弊害を排除するための学力検査の廃止および調査書の重視（〈中等教育〉昭和2年、15年、23年、42年）と、②客観性、公平性の確保という要請からの学力検査の重視（〈昭和4年、18年、31年〉）

b　①採点の客観的な公平性を確保するための客観テストの導入（〈中等教育〉昭和23年）と、②客観テストが思考力、創造力の育成に適当でないという観点からの記述テストの強調（昭和29年）

c　①将来の学習能力を予測するための適性検査の実施（〈高等教育〉昭和25年）と、②適性検査についても受験準備が行われ、また、受験者や試験実施者の負担が過重であるなどの理由による廃止（昭和30年）

d　①学力検査では判らない「人物」を評価し、受験準備教育の弊害を排除するための口頭試問や面接の実施（〈中等教育〉昭和2年、38年、〈高等教育〉昭和2年、25年）と、②客観性、公平性の確保という観点からのその廃止（〈中等教育〉昭和23年、〈高等教育〉昭和22年）

e　①受験競争の激化を避けるための学区制や総合選抜制の実施（〈中等教育〉昭和17年、〈高等

教育〉明治35年、大正6年）と、②個人の学校選択希望の尊重のためのその廃止〈高等教育〉
明治41年、大正8年）

それならば、なぜ「入学者選抜制度改革は同じパターン（対立軸）で繰り返される」のでしょうか？　こうした疑問を解き明かすのに、測定道具としての「テスト」の重要な性質を見逃せません。

結論を先取りすれば、実は、テストの類型は、そんなに多くないのです。また、成績指標として用いられるのも、学力試験（外部試験も含む）、調査書成績、適性検査など限りがあります。それがゆえに、取りうる改革の手段（組み合わせ）は限られているのです。

この限られた手段のなかから選択することで入試改革が行われているし、そもそも、入試として実現可能な選択パターンはそう多くありません。なので、どうしても、そこで選択しうる、同じようなパターン（対立軸）の入試改革が繰り返されるのです。

すなわち、**大学入試改革は、テストの類型のパターンの範囲内で行うしかやりようがない**、というのが、テストの性質を知り尽くした「テストの専門家」としての答えです。

もう少し具体的にこの点を説明してみたいと思います。

池田（1973）は、教育測定における（心理）テストの類型をまとめています。ここから心理測定的な要素を省き、大学入学者選抜に即した測定道具としての「テスト」の類型を筆者が分類し直したのが**資料**です。

この**資料**から考えると、大学入学者選抜場面における測定方法は、せいぜい3×2×3×2×2＝72パターンしかないことがわかります。つまり、大学入学者選抜の場面において、測定道具の組み合わせは「有限」であり、大学入学者選抜はこの「有限の組み合わせ」の範囲内でしか行われていないのです。そのため、**大学入学者選抜制度の設計を考える際、［数の限界＝能力測定の臨界点］であるという認識が決定的に大事**になってきます。

上記の分類は、測定道具としての「テスト」の性質だけの分類ですが、ここに、制度設計に際しては、複数テストの合計方法や、選抜時期などの「制度運用上の要因」が加わったり、今回のように英語四技能のように「新たな能力観点」の「新たな測定方法」の構想が盛り込まれたり、それに応じて複雑にはなります。しかし、それでも、「限られた手数」のなかで、組み合わされて行われているのが、大学入学者選抜制度改革の本質であることに変わりはありません。

このように、組み合わせが有限である以上、測定できる範囲も、そんなに精緻な、人が必要と考えたものすべてを精緻に合致させて、制度運営上も問題のない、そんな大学

資料　大学入学者選抜場面における測定道具の分類

分類基準	例
(1)　測定内容の違いによる分類	知能検査、学力検査（科目型 or 合科目型）、適性検査など
(2)　測定用具の違いによる分類	紙筆検査（紙と鉛筆による質問・回答形式の検査）、器具検査（リスニング機器やコンピューターを用いた CBT）など
(3)　回答様式の違いによる分類	客観テスト（マーク式の質問項目、判定が客観的にできる、機械採点も可能）、記述式テスト（記述式の質問項目、機械採点が不可能）、実技・面接テスト（小論文、美術・音楽などの実技、或いは、面接）
(4)　回答の量・質の違いによる分類	速度検査（作業のスピードが問題、どの位早く回答できるか）、力量検査（回答のレベルが問題、どの位難しい質問にも回答ができるか）
(5)　検査作成手続きの違いによる分類	標準テスト（規準集団、検査手続きが規格化されたテスト、項目反応理論を用いた能力推定も含む）、個別作成テスト（必要に応じて各大学で作成された、標準化されていないテスト）

池田（1973 年）の 2 頁の表 1.1 に基づき、筆者が大学入学者選抜場面に合わせて筆者が追記・改訂

入試制度設計を行おうとすると無理が出てくるのです。つまり、**そもそもテストというものは、もともと粗い精度（解像度）しかもたない**ということに尽きます。

にもかかわらず、テストに様々な（たとえば、高校教育を変えるという）役割機能をもたせようとする（と同時に、それが達成されることを期待する）からうまくいかないのです。これが、「手段」と「目的」がずれる最大の原因だと私は考えています。

テスト理論は、X（テスト得点）＝T（真の得点）＋E（誤差）と定義する学問

よくテストが専門だと言うと、完璧なテストがつくれるとか、テスト対策の妙技を知っているかのように思われがちですが、それは誤解です。テストの専門家は、（右の定義式からわかるように）そもそも誤差が含まれることを前提としています。テストが万能であるなどとは、これっぽっちも思っていません。むしろ、最初から欠陥があるものだと強く認識しているのです（木村、２０１６）。

このことを、よくよく踏まえた「楽観的なテスト万能論」に陥らない大学入試制度設計が必要となってくるでしょう。

「影響力のない」大学入試制度設計とは何か？

ここまで、テストは、そもそも粗い精度でしかなく様々な制度的制約がある、さらにその機能も万能ではないにもかかわらず、高校教育を劇的に変えるものであると考える「楽観的なテスト万能論」が根底にある、それが大学入試改革が失敗する要因であることを指摘してきました。

一方で、テストが高等学校に及ぼす影響力があることも否定しがたい事実です。「受験対策」がその最たる例です。よくも悪くも影響力をもってしまうのです。このとき、高等学校教育への影響力がありすぎることが問題なのだとすれば、見方を裏返して、〝影響力のない大学入試制度設計とは何か〟を考えてみる必要もあるでしょう。「受験対策」の必要がないテスト、という考え方です。

ただ、この思索は理想論にすぎず、なかなか実現しません。テストには、「練習効果」というものがあり、テストへの適応が可能になるので、それがわかると、どうしても練習（受験対策）に向かってしまうからです。

戦後直後に導入された進学適性検査は、当初歓迎されました。それは、〝受験対策を必要としない〟適性検査で、戦中に疎開していた影響でまともに勉強できなかった生徒の救済措置にもなり得たからです。

しかし、のちに教育産業が模擬テストで大いに儲けたり、進学適性検査によって自らの子息が有名大学に不合格になった大学学長らが批判の急先鋒となり、受験対策によらない、テストで合否に影響を与えることが、逆に新聞の投書などで取り上げられ、世間を賑わし、批判されて廃止に至ります（続1964年、35～38頁）。

また、進学適性検査は、年が経つにつれ、難問奇問が続出し、平均点がどんどん下がるなど、教科によらない作題の難しさも、歴史的教訓が教えてくれるところです。

究極的には、**受験対策一辺倒にならない、かといって受験対策の必要がなくなるわけでもない、ちょうどその中庸、つまり、この両者が微妙な形で成立するところに、大学入試は制度設計されなければならない**と考えています。

加えて、大学入試問題は、大学からのメッセージであり、求められている解答が存在します。しかし、それを読み解こうとする考えを、勇気をもって捨てる必要性があるということです。その意味では、昨今求められている、解答例や出題意図の公開をやめることも必要になってくるでしょう。

このことは、暗黙のうちに解答例に合わせる教育を助長します。それは、思考力や表現力を鍛える（高める）、大学が本当に求めている「学問知」とは、全く関係のないことなのです。

受験対策に慣れてきた学生を、大学の勉強に転換させるために、これまで初年次教育を各大学では行ってきました。しかし、これは大学にとって大きな労力のコストであるだけでなく、時間のロスです。

私自身は、過去問を公開することをやめる、過去問で勉強することに固執する習慣もなくなればいい、と思っています。ただ、受験産業も存在するので、それを完全に止める手立てを想定することは、現実的には難しいでしょう。

だとすれば、受験対策をしたとしても、あまり大きな意味をもたないような大学入試制度を設計するほかないのではないかと思います。そのうえで、学習指導要領に則った教育を、高等学校は思う存分行える制度設計はできないものか、と思います。

ある国立大学では、民間英語試験の導入が大きな意味をもたないように、高校からの語学力の証明書で代替するとか、民間英語試験のスコアは足切り（実際には、過去何年も足切りを行ったことがない）にしか使わないとか、様々に政策を無効化する策がうち出されてきました。

記述式については、配点を1点にして、書いたか（1点）、書いていないか（0点）にして、受験したことに意義があるくらいに留めたほうがいいと、私は個人的に様々な会議で主張してきました。**大規模共通テスト（それに加える新たな測定領域）を受験しても、「大して」（全くではない）意味がない程度に留めた設計にする**というのはどうでしょうか？

今回の大学入試制度の顛末は、参加したことに意義をもたせる資格試験程度に留めておけばいいものを、選抜に寄与する成績指標として扱う選抜試験の扱いのままで制度設計してしまったことによる過ちであると考えています。

影響力のないテストというのは、共通テストを想定すると、たとえば、それを意味がない程度に留めた設計、いわば最低条件的なものにする、ということが挙げられるかもしれません。では、個別学力検査については、影響力のない設計については、どういう設計になるのでしょうか。実は、この問いの立て方自体が過ちの元だと思っています。

臨時教育審議会の発想がそうだったのですが、共通テストを受験したのち、各大学で、学力検査ではなく、志望理由書や面接、小論文、集団討論、実技で主体性や分野適性を測ることが想定されていました。ですが、実際には、多くの選抜性の高い大学では、個別「学力」検査が残ったことは歴史が知る事実です。

その一番の理由は、学力信仰の存在です。もう一つの理由は、大量の人数を志望理由書や面接、小論文、集団討論、実技で評価することが、時間的にも人力的にも不可能だったからです。

また、たとえば、講義受講型入試（たとえば、九州大学21世紀プログラムのＡＯ入試）では、大学1年生向けの講義を行い、それに対する集団討論や小論文で選抜を行います。これらの入試では、実際に、何が講義されるのか予想がつかず、実質的には、受験勉強が必要ないテストとして実施されています。ですが、せいぜい１００人程度の受験生しか受験会場に入れることしかできない、という実施上の制約がでてきます。さらに、昨今、ＡＯ入試対策塾が出てきたように、ここでも受験対策のイタチごっこが起こりつつあります。

そうなると、代表的な選抜制の高い国立大学が行う、1次試験、2次試験という段階選抜そのものの設計がなくならないと、この問題は解決しないかもしれない、とすら考えています。あるいは、受験勉強が追いつかないほど、猫の目のような大学入試にする、ということも、大事な観点だと考えています。

たとえば、募集枠を細かく区切って、1年くらいかけて、合格決定時期をずらしながら順に、英語の外部試験で合格する枠20％、次に高校での活動内容で合格する枠20％、次に志望理由書で合格する枠20％、次に講義受講型で合格する枠20％、最後に共通テストで合格する枠20％にすると何が起こるでしょうか。こうすると、学力試験で受験するよりも、他のことでがんばったほうが、大学に入学するチャンスが増える、と世間は考えるかもしれません。こういった大胆な制度的な仕掛けが必要になってくるかもしれません。

つまり、逆説的なのですが、**高校教育が大学入試から自由になるには、大学入試を長期化させたり、選抜基準を曖昧化させたりすることが最も肝心だ**と思っています。そうすることで、高校生が早期に大学が決まれば、その時間を他の活動に有意義に使うことができるかもしれません。

ですが、多くの高校の先生は、この案をもっとも嫌います。受験指導が十分にできずに、保護者から批判を受けるからです。ただ、受験対策を我が国からなくすことを国民的総意として定め、大学入試を意図的に長期化させ、あえて複雑化させることで、高校での指導や受験生の受験対策の「閾値《いき》」を超える、ということが必要なのではないか。それくらい大胆な社会改造でもないかぎり、受験対策はなくならない、と思っています。

いずれにせよ、テスト制度は複雑な要素が絡み合います。ですので、大学入試改革には、テストの専門家の叡智が必要であることは、否めない事実です。

また、受験対策に講じてしまう一因として、「高校教員が進学実績で評価される」という問題も指摘しました。橋本（２００５）によれば、江戸時代から、勉強を教えた生徒が優秀な成績を修めた場合、師匠に褒賞を与える習慣があったそうです。こうした評価の基準も変えていくことが必要となるでしょう。

昨今、個人情報保護と情報公開請求によって、我が国のテスト設計は非常に難しい立ち位置を求められています。過去問や出題意図はおろか、採点基準や（場合によっては）採点表まで公開が求められている事案が出てきています。こうしたことも「受験対策」のイタチゴッコを助長することにほかなりません。

アメリカではテスト法が存在し、裁判の過程で、テストには一定の秘密保持が認められるようになりました（松平、２０００）。**「高校教育に影響を与えないという意味では、テストの情報公開よりも、教育的意義のほうに重きを置きたい」**こうした議論が、今後必要になってくると考えています。

（木村拓也）

〈引用・参考文献〉

●新井紀子（２０１８年ａ）『改訂新版　ロボットは東大に入れるか』新曜社
●新井紀子（２０１８年ｂ）『人工知能プロジェクト「ロボットは東大に入れるか」―第三次ＡＩブームの到達点と限界』東大出版会
●ベネッセ教育総合研究所（２０１４年）『高大接続に関する調査』available to : https://berd.benesse.jp/

up_images/research/2014_koudai_all.pdf（最終確認日：令和元年12月20日）
●橋本昭彦（2005年）「江戸時代の評価における統制論と開発論の相克—武士階級の試験制度を中心に」『国立教育政策研究所紀要』134、11〜30頁
●池田央（1973年）『心理学研究法8 テストⅡ』東京大学出版会
●木村拓也（2015年）「戦後大学入試改革の基底—『試験』観の変遷」『国語教室』101号、大修館書店、22〜25頁
●木村拓也（2016年）「人物重視の大学入試は「妥当」か？—大学入試改革論議のテスト理論的理解」『教育と医学』64巻2号（通巻第752号）、30〜38頁
●国立情報学研究所（2016年）「センター試験模試6科目で偏差値50以上 2年連続で世界史の偏差値が65突破／物理は偏差値59・0に大幅向上論述式模試の数学（理系）は全問完全自動解答で偏差値76・2を達成〜NII人工知能プロジェクト「ロボットは東大に入れるか」〜」ニュースリリース、available to：https://www.nii.ac.jp/userimg/press_20161114.pdf（最終確認日：令和元年12月20日）
●松平光徳（2000年）「ニューヨーク州標準テスト法と連邦著作権法との関連考察」明治大学法律研究所編『法律論叢』72（5）、59〜126頁
●文部科学省高等教育局長（2018年）「平成31年度大学入学者選抜実施要綱」available to：https://www.mext.go.jp/component/a_menu/education/detail/__icsFiles/afieldfile/2019/06/05/1282953_02_1_1.pdf（最終確認日：令和元年12月20日）
●文部科学省高等教育局長（2019年）「令和2年度大学入学者選抜実施要綱」available to：https://www.mext.go.jp/component/a_menu/education/detail/__icsFiles/afieldfile/2019/06/05/1282953_001_1_1.

pdf（最終確認日：令和元年12月20日）
●日本電信電話株式会社・国立情報学研究所（２０１９年）「２０１９年大学入試センター試験英語筆記科目においてＡＩが１８５点を獲得！」ニュースリリース、available to：https://www.nii.ac.jp/news/upload/nii_newsrelease_20191118.pdf（最終確認日：令和元年12月20日）
●朴承珉（２０１９年）「『飛行機も運行禁止』厳戒態勢で行う韓国の英語センター試験」available to：https://blogos.com/article/378394/（最終確認日：令和元年12月20日）
●臨時教育審議会（１９８５年）「教育改革に関する第一次答申」『教育に関する答申―臨時教育審議会第一次～第四次（最終）答申』大蔵省印刷局
●続有恒（１９６４年）『適性―進学・就職・結婚』中公新書
●中央教育審議会（１９６９年）「付属資料　わが国の教育発展の分析評価と今後の検討課題」『今後における学校教育の総合的な拡充整備のための基本的施策について―中央教育審議会答申』大蔵省印刷局、77～５３８頁
●中央教育審議会（１９９９年）「初等中等教育と高等教育との接続の改善について（答申）」available to：https://www.mext.go.jp/b_menu/shingi/chuuou/toushin/991201.htm（最終確認日：令和元年12月20日）
●中央教育審議会（２０１４年）『新しい時代にふさわしい高大接続の実現に向けた高等学校教育、大学教育、大学入学者選抜の一体的改革について―全ての若者が夢や目標を芽吹かせ、未来に花開かせるために』available to：https://www.mext.go.jp/b_menu/shingi/chukyo/chukyo0/toushin/__icsFiles/afieldfile/2015/01/14/1354191.pdf（最終確認日：令和元年12月20日）

●安河内哲也（２０１４年）「韓国の『英語教育大改革』失敗か？——英語をめぐる韓国のドタバタ劇」available to：https://toyokeizai.net/articles/-/27934（最終確認日：令和元年12月20日）

第9章

エビデンスに基づく教育

―黒船か、それとも救世主か

「エビデンスに基づく教育」という言葉を聞いたことがあるでしょうか？「エビデンス」は「客観的な根拠」と訳されることもあり、近年馴染みのある言葉になりつつあります。簡単に言えば、教育実践も教育政策も、教師や政治家の勘や経験ではなく、科学的に確かめられた根拠に基づいて行わなければならないという考えです。

学校教育が、子どもの将来のためにさまざまな働きかけを行う場であり、教師がその責任の中心にあることを考えれば、「エビデンスに基づく教育」は当然の考えに思えます。かかりつけの病院の医者が、自分の勘や経験だけに頼って治療をしていたら、別の病院を探すでしょう。

実際、広く教育にエビデンスを求める声は高まっています。中室牧子氏の『「学力」の経済学』がベストセラーになり、教育政策がデータや根拠に基づくことなく実施されていることに目が向けられました。教育不信をあおる書籍は次々と出版されていますし、学力テストの結果を求める地域や社会からの声も大きくなっています。

そのなかで、エビデンスに基づくことが大切なことはわかるけれども、必要な理由が判然としないままアンケートを取り、数値を結果で示すことが求められる風潮に嫌気がさしている教員もいるのではないでしょうか？

〝教育は数値などでは語れない〟〝教師の専門性を貶めるものだ〟そう考える人にとっ

て、「エビデンスに基づく教育」は、黒船の来襲に映るでしょう。

他方で、(内田良氏が明らかにしているように)学校教育のなかには、明確な根拠がなく実施され、子どもを危険にさらしている実践が多くあります(内田、2015)。柔道指導や組体操の事故など、データに照らしてようやくその問題が見えるようになってきたものが少なくありません。「現場」に近いほうがよくわかるという幻想を捨てて、客観的に物事をとらえる姿勢が必要なのかもしれません(内田、2017)。

また、エビデンスは、自分の実践に自信をもちにくい若手教員にとっては有益なものに映るに違いありません。ベテラン教員の古臭い教育談義が跋扈《ばっこ》する授業検討会を刷新し、慣例というだけで続く学校組織の因習を打ち破る武器となるかもしれません。まさに「エビデンスに基づく教育」は、救世主かのように見えます。

では、果たして「エビデンスに基づく教育」は、教育不信が広がるなかでよりよい教育をもたらす救世主なのか、それとも、これまでの教育に対する脅威となる黒船なのか? 考えてみましょう。

「エビデンスに基づく教育」が広まった背景

1 「エビデンスに基づく教育」が推進されてきた政策的動向

まずは、「エビデンスに基づく教育」を取り巻く状況を概観しておきます。

２０１８年６月30日に閣議決定された「第３期教育振興基本計画」では、「客観的な根拠に基づく政策立案（ＥＢＰＭ：Evidence-Based Policy Making）」という文言が掲げられています。

数値化できるデータ・調査結果を蓄積・活用するとともに、数値化がむずかしい部分もできるだけ的確に把握することで、ＰＤＣＡサイクルをより効果的なものにすることができるとされています。その後も、各自治体が積極的にＥＢＰＭに取り組んでいるかを調査するなど、流れは加速しています。

エビデンスに基づいて教育政策を立案したり、学校を含めた教育実践を改善したりする動きは、なにも日本特有のものではありません。むしろ、先行するアメリカやイギリス、オーストラリアなどの諸外国の動向を反映したものです。その発端のひとつになったのは、デイヴィッド・ハーグリーブス（David Hargreaves）の講演（イギリス・教員養成研修局における1996年の講演）です（Hargreaves 1996 [2007]）。ハーグリーブスは、教育学研究と教育政策・実践の望ましい関係を医療と比較しながら、次のように訴えています。

教育も医療も人を中心とした専門職である。しかし、医療のアカデミックな基盤が自然科学（解剖学、生理学、薬理学など）に基づいているにもかかわらず、教育学はそうはなっていない。その要因は、教育学研究が蓄積的でないことにある。

教育学研究は、少数の事例調査から結論を導いており、それでは体系的な仕方で検証・発展され、具体的な文脈へと置き換えられるような知見は得られない。その結果、教育学研究は、教育実践に寄与できていない。そればかりか、研究者は自分の研究を理解してくれない教師を責める傾向にある。

他方、教師もまた、自分の試行錯誤した経験から学んだことに多くを負っている。伝統的に受け継がれてきた教員文化のもとで、先輩教員の背を見ながら技を盗むという徒弟的な成長モデルに依拠している。それは医師がエビデンスに基づいた研究をますます求めている現状とは大きく異なる。それゆえ、客観的で検証可能なエビデンスに基づいた教育学研究・教育実践が展開されなければならないし、教育政策も同様である。

（ハーグリーブスの指摘に示されているように）「エビデンスに基づく教育」は、医療をモデルにしています。医学研究では教育に先行して「エビデンスに基づく医療（Evidence-based Medicine、以下ＥＢＭと略します）」が提唱され、ランダム化比較試験（Randomized Controlled Trial、以下ＲＣＴと略します）と呼ばれる研究手法を基軸に大規模な治験を行うことが主流です。

エビデンスの強さは、ＲＣＴという手法を用いた様々な一次研究を体系的にレビューし（systematic review）、メタ的に分析した（meta-analysis）結果、効果があるとされたエビデンスを頂点とするピラミッドで表されます。

なぜ、ＲＣＴが優れた研究手法とされるのかは後述しますが、数多くの研究がエビデンスの強弱によって整理され、より客観的な根拠に基づいて医療が行われるようになることが思い描かれているわけです。

「エビデンスに基づく教育」は、こうした先行した取組をモデルに取り組まれています。もちろん、教員一人ひとりが膨大な研究を網羅することはできないので、さまざまな研究をメタ的に分析し、わかりやすいかたちでエビデンスをつたえる仲介機関が存在します。

アメリカでは、What Works Clearinghouse（WWC）、イギリスではEPPI Centerが、ウェブ上でエビデンスを検索できるようにしており、日本でも同じような機関をつくろうとする動きがあります。**「エビデンスに基づく教育」には、エビデンスを「つくる」「つたえる」「つかう」過程があり、それぞれの段階で担い手の役割や留意点があると考えておくとよい**でしょう。①

2 「エビデンスに基づく教育」の社会的背景

ところで、「エビデンスに基づく教育」が広がってきた背景には、教育学研究や教育政策、実践をより（実証）科学的なものにしようとする動きとは異なるものが含まれることに注意が必要です。

イギリスでは、１９９０年代後半以降、ブレア労働党政権において「第三の道」が模索され、右か左かといった教育目的の思想的な対立を超えて、効果的な教育手段が求められるようになりました。

〈注①〉以上の経緯は、ＯＥＣＤ教育研究革新センター（２０１０年）、国立教育政策研究所（２０１２年）に詳しく書かれています。

社会が流動化するとともに、冷戦構造に象徴されるイデオロギーが退潮することで、教育政策を駆動する拠りどころが見えにくくなってきました。そのなかで重要な指標となったのが、ＰＩＳＡに代表される学力テストでした。

ＰＩＳＡは、本来国や地域によって多様でありうる教育目的を、「学力」という共通指標によって比較可能なものにしました。成果（アウトカム）に基づいて政策や実践を評価し、予算を配分したり、改善したりする方向へと舵が切られたのです（New Public Managementと呼ばれます）。

そこに学校教育に限らず、公共政策に透明性を求める声の高まりが連動していきます。税金を投入している限り、どのような取組をし、果たして予算に見合うだけの成果をあげているのかを説明せよ（アカウンタビリティ：説明責任）というわけです。このような要請は、それ自体妥当だと思いますし、実際には様々な要因がかかわっています。

いずれにしても、**教育に関する政策立案をインプットとアウトカムに基づいて評価し、進めていこうとする政策論と、教員や教育学研究者が有するとされてきた専門性に対する不信の高まりが重なって、「エビデンスに基づく教育」に目が向けられるようなった**と整理できるでしょう。

アウトカムに基づいて政策や実践を評価しようとする風潮は、「監査文化（Audit

Culture)」と呼ばれています（Strathern, 2000）。この文化においては、行われている実践の不確実性をあぶりだし、確実性を要請する働きかけが強まるという懸念があります。ひとたび客観的な根拠に基づいていないことが判明すると、その不信に応えるためには、客観的な根拠やそれに代わる成果を示さなければならなくなります。

イギリスにおける脳科学受容に関するインタビュー調査では、教員が自分の実践に確証をもてなかったり、説明できないと感じていたりするがゆえに、脳科学の知見に魅力を感じがちなことがわかっています（杉田、２０１５）。

また、ドイツの研究では、革新的な教育実践を行っている教員のほうが、脳科学に高い期待を示していたそうです（熊井、２０１５）。新しい取組が正しいことを外部に示すために、脳科学の知見を使いたいと感じるわけです。

しかし、人は自分に有利な情報を過度に信じる傾向がある（「確証バイアス」と言います）ために、多くの誤解が生じています。また、日本の教員にエビデンスに基づく教育の受容をインタビュー調査した結果、教師の判断は主観的で感覚的なもの、数値化されたデータは客観的で確かなものという区分けをしていることがわかりました（杉田、熊井２０１９年、第４章：ただし、実際には、教師は自分たちの判断が尊重される領域を失っていません）。

エビデンスそれ自体の妥当性だけでなく、エビデンスが教師にどのように受容されるのか、またそう受容したくさせる磁場は何か、をも含めて考えておく必要があるといえるでしょう。

「エビデンスに基づく」に踊らされないために

1　数値信奉の罠

「エビデンスに基づく教育」は、救世主にも黒船にも映ります。しかし、イメージだけで敵視したり、あがめたりするのは生産的ではありません。そこで本節では、「エビデンスに基づく教育」の内実に迫るべく、そこで重視されるランダム化比較試験（ＲＣＴ）の意義と課題を探ってみます。

しかし、その前に何かを測ることの基本を押さえておきましょう。なぜなら、「エビデンス」や「ＲＣＴ」といった目新しい言葉に踊らされる手前でつまずいていることのほうが多いからです[②]。

私たちは数値を見ると、それだけで何か客観的で確かなものを表していると信じがちです。この傾向を「数値信奉」と呼びましょう。しかし、統計的に処理されて数値になって示されているものには一定の限界があります。

たとえば、味の好みを調べるために、「とてもおいしい」「おいしい」「あまりおいしくない」「おいしくない」という4件法で調査するとしましょう。統計処理をするために、順に1～4の番号を振ります。しかし、各々の項は数直線上の1～4のように、等間隔で並んでいるわけではないし、1～4の番号が順序を示すのでも、ましてや優劣を示すわけでもありません。

「とてもおいしい」と「おいしい」の間の差が、「おいしい」と「あまりおいしくない」の間の差よりも極めて大きいと感じる人もいるかもしれません。こうした留意点や限界性をふまえて、まともな社会調査では慎重に数値化が行われ、様々な技法が開発されています。しかし、各学校や、教育学研究でなされているものにすら、不十分な点が多いのが現状です。

心理学では心的なものを直接測ることはできないので、心的なものを振る舞いなどによって構成的に定義されたものとして限定し、研究を進めます。それゆえ、日常的に使う心理に関する概念と、心理学者が使っている概念は同じではありません。

調査では、測るべきものが測れているのかという妥当性と、同じ手順で測れば誰もが

〈注②〉以下の数値化することの慎重さやＲＣＴの手法をめぐっては、佐藤（２０１５年）や原田（２０１５年）が参考になります。医学研究における統計の手法については、丹波・松井（２０１８年）を参照してください。

同じものを測ることができるという信頼性が問われます。心理学で使われる尺度はそれらを満たすために多くの研究が積み重ねられた結果、つくられたものです。

こうした背景を無視して、勝手に尺度をつくって理解した気になるとすれば、それは研究倫理としても、また実践の改善方法としても不十分と言わざるを得ません。さらに、「なぜ?」「どうすれば?」という因果に関する問いが的確に問われるためには、十分な実態把握がなければなりません。**「なぜ(Why)」の問いを洗練させるためには、「何(What)」の問い(どうなっているか)とうまく連動していなければならない**のです。

たとえば、児童・生徒の「自己肯定感」を測ろうとすれば、「自己効力感」との違いを知っておく必要があるでしょうし、「自己肯定感」には周囲との人間関係や家庭環境、あるいは社会の構造的な問題などが関係しているかもしれません。にもかかわらず、計算ドリルができるようになることで自信をつくと考えたとすれば、本来社会全体で解決を図るべき問題が個人に還元されかねません。それでも何かしら測れば結果として数値が出てくるので、数値信奉に陥りがちな私たちには、それがあたかも効果的な手立てであるかのように見えてしまいかねません。

2　なぜ、ＲＣＴは優れているのか

ここまできて、ようやくＲＣＴの意義と課題に取りかかることができます。なぜ、ＲＣＴは優れているのでしょうか？

ある教育方法や政策といった介入が効果的かどうかを知りたいとしましょう。この因果関係を明らかにする最も確かな方法は、ある人に介入をした場合としなかった場合を比べることです。しかし、同じ人に対して、介入・不介入の二つの行為を同時に行うことはできません。厳密な因果関係を知るには、「もし介入しなかったとしたら…」という反実仮想に訴えるしかありません。

そこで、誰もが同じ個人だと想定したうえで、横断的にサンプルを集め、統計的に推論する方法が採られます（ただし、医療の場合は、各個人を同じ「人間」として扱えばよいかもしれませんが、社会科学の場合は、階層や性差など様々な属性を考慮してサンプリングしなければなりません）。

しかし、「客観的で信頼性のあるデータを、いかに歪みなく得られるか」（中澤、２０１６、81頁）が重要で、集めたサンプルが調べたいと思っている集団や同じ特徴を有する人々を的確に代表していなければなりません。たとえ東京の中学生男子を１万人集めて調査しても、日本の若者の現状を知ることはできません（「選択バイアス」と言います）。

適切にサンプリングして比較分析しようとしても、問題は残ります。交絡因子のすべてをカバーできないからです。

たとえば、血圧が高い人ほど、年収が高い傾向にあるとします。血圧と年収という因子に着目して、それらの相関関係が明らかになったわけです。しかし、これを聞いて、血圧が上がりそうな食事をして年収を上げようとする人はいないでしょう。血圧と年収に相関があるのは、隠れた因子である年齢が血圧と年収両方の上昇に寄与しているからです。

想定する変数（この場合、血圧と年収）の外部にある因子が因果関係に影響を及ぼしている状態を「交絡《こうらく》」と呼びます。もちろん、交絡を避けるために、できる限り関係していそうな因子を想定し、統計処理に組み込もうとしますが、想定・観察されていない交絡因子が影響している可能性は絶えず残り続けます。

そこで、調査参加者を乱数表などによってランダムに割り振ることで、交絡因子の影響を無にしようとするのがランダム化比較試験（ＲＣＴ）です。ＲＣＴは、ある介入を行う実験群と介入を行わない対照群を分け、結果の差異を測ることで介入の効果を測る実験的手法です（これから起こることを対象にするので「前向き研究」とも呼ばれます）。分けられた実験群と対照群の差は、介入が行われるか否かの一点でなければなりません。

実験参加者は、性差や年収などさまざまな属性や特徴をもっています。それらが実験結果に影響を及ぼす交絡因子かもしれません。しかし、それらの属性や特徴が偏りなく実験群と対照群に割り振られたとしたらどうでしょう。この場合、実験結果に影響を及ぼす因子の影響は計算上、どちらの群にも働いていると考えられるので、対象としたい介入の効果だけを測ることができるというわけです。

できる限り歪みや偏見が介在しない研究デザイン。RCTが質の高いエビデンスを生み出すとされる理由はここにあります。不用意にアンケートをとって、その数値を信奉している状態と比べれば、その差は歴然だと思います。

3 RCTの限界を考える

しかし、あらゆる研究方法には限界があり、RCTも例外ではありません。以下、RCTそれ自体の限界と、RCTを教育分野に応用することの課題に分けて考察します。

RCTは、内的妥当性を担保したなかでの因果関係を確証できる一方で、外的妥当性に課題を抱えているといわれます。一般に、概念の厳密化を行うと内包は大きくなる一方で、外延は小さくなります。

たとえば、「犬」という概念はさまざまな犬を指示する点でカバーする範囲（外延）は大きいものの、「ゴールデンレトリバー」という概念よりも、何を指示するかが曖昧です。「犬」に「頭が賢い」「大型」という要素をつけ加えれば、概念を構成する内容（内包）は大きくなり、より厳密に指示対象を絞り込める一方で、カバーする範囲（外延）は狭くなります。

内的妥当性と外的妥当性の関係はこれに似ています。サンプリングの範囲を絞り、実験に影響を及ぼす諸要因を制限すれば内的妥当性を高めることができますが、その分、実験の条件を超えて効果があるといえる範囲（外的妥当性）は小さくなってしまうわけです。

そこで、さまざまなＲＣＴを用いた研究を体系的にレビューし、メタ的に分析することが試みられます。「エビデンスに基づく教育」で頂点に君臨するエビデンスはこうした作業を経て効果があるとされたものです。

ただし、同じデザインや定義を用いてＲＣＴが実施されているかは保障されていないので、丁寧に研究成果を読み込んだり、差異を解消する処理を加えるなど、多大な時間と費用がかかります。

ＲＣＴは、理念的には質の高いエビデンスを生み出すのですが、実際にそれを行うのはかなりむずかしいのです。こうした制約のもとでRCTが行われているということを理解しておかなければなりません。

4 医学研究との比較から見えてくるRCTのむずかしさ

RCTが理念的に高いエビデンスを生み出す一方で、それを行うのがむずかしいという点は、先行する医療分野を見るとよくわかります。

医学研究では、新たな治療法や治療薬を開発する際に治験が行われますが、そこには多額の費用と厳密な手続きが求められます。まず、治験の多くは多施設共同の二重盲検法のもとでデザインされています。製薬会社がかかわり、さまざまな国の医療機関が参加する大きなプロジェクトが展開されることもしばしばです。

「二重盲検法」とは、治験薬を投入される患者（参加者）だけでなく、治験薬を投入する医師もまた、治験薬を投入しているのか、それとも対照薬剤（偽薬〈プラセボ〉や標準的治療で使われる薬剤など）を投入しているのかを知らないような研究デザインです。

こうすることで、偽薬を投入されている患者がそのことを意識して別の治療方法を探したり、食事にいつも以上に気を遣ったりする場合や、治験薬を投入する医師が結果をよくしようといつも以上に患者の変化に気を配ったりする場合（「ホーソン効果」と呼ばれます）を防ぐことができます。

また、治験はⅠ相～Ⅲ相試験によって段階的に進められ、それぞれの段階で明確な達成目標と規準（プライマリーエンドポイント）が設定され、臨床研究倫理委員会をはじめ、さまざまな倫理委員会で審査されます。厳密な研究手順（プロトコル）が設定され、重篤な副作用が発生した場合には報告が義務付けられます。

治験を実施する際には、同意文書・同意撤回書を作成するとともに、同意書には標準的な治療を保障したり、偽薬を投入されることになった患者に不利益が生じないような配慮が書き込まれています。

このようにＲＣＴのひとつのモデルとなっている医学研究における治験では、念密な研究デザインと手順が守られていますが、果たしてそれらは教育分野でも応用できるでしょうか？

まず、学校教育でＲＣＴを実施する場合、二重盲検がむずかしいでしょう。治験薬の場合、その中身について医師と患者がともに知ることなく投薬を行うことができますが、教育ではそうはいきません。参加児童・生徒の側に知らせることなく教育方法等の介入を割り振ることはできるかもしれません（単盲検）が、対照群に割り振られた教師がいつも以上に工夫を凝らしバイアスを生む可能性があります。

また、それを避けられたとしても、同意文書を取りつけることは可能でしょうか（この問題はRCTに限りません）。治験と同じように実施しようとすれば、どちらに割り振られるかはわからないにしても、児童・生徒およびその保護者に実験デザインを説明し、生じるかもしれない不利益等を知らせて、同意を取りつける必要があります。

この場合、実験がはじまって以降、おそらく参加者は自分がどちらに割り振られたかはわかると思われるので、途中で納得がいかず、実験のコントロールが及ばない範囲で児童・生徒や保護者が努力を行うかもしれません。

また、学校教育の場合、同意の対象が未成年であるがゆえに、さまざまな制約が予想されます。たとえ児童・生徒が同意したからといって、ただちに参加者としてよいでしょうか。保護者に代理承諾してもらうとして、児童・生徒の将来を見越した保護者の判断が本人にとって最善の利益といえるとは限りません。保護者間での意見の対立もあるかもしれません。

5 RCTを学校教育に応用することに伴う困難

たとえこれらの課題をクリアしたとしても、学校教育への応用をめぐっては、RCTを実施すること自体の倫理的な問題がしばしば指摘されています。たとえば、対照群には効果的な教育が提供されず、不利益になるのではないかという批判です。

しかし、この批判は決定的ではありません。治験と比較すればわかるように、実験群に提供される教育方法が効果的かどうかはわからないからです。実験群と対照群のどちらに不利益がもたらされるかはあらかじめわかっていません。だからこそ、実験をして確かめるわけです。

より重要な批判は、実験群と対照群に分けること自体が、教育機会の均等性を損なうのではないかというものです。

近代学校教育制度は、社会的地位の分配機能を担っています。学校は親の地位や身分によることなく、児童・生徒のもつ能力に基づいて選抜する機能を果たすがゆえに、親世代の社会的地位が子世代において再生産されることを防ぎ、社会移動を可能にします。そのためには、どの児童・生徒に対しても、その能力に応じて等しく教育機会が保障されなければなりません。

RCTという実験デザインは、この機能に反するのではないでしょうか？

この点は医学研究においては深刻にならない、教育分野に特有の問題だと思われます。

とはいえ、（中澤が指摘するように）「実際には何らかの研究開発指定校を指定して、その学校で独自のプログラムの実践が（公立学校でも）行われるようなことは普通にある」のであって、「当然そうした指定校とそれ以外の学校との間には処置上の格差（不平等）が存在する」（中澤、２０１６、90頁）。それゆえ、実験群と対照群に教育方法の差が出てしまうことは、ＲＣＴ固有の問題ではありません。

しかし、だからといって、ＲＣＴに正当性が付与されるわけではありません。教育格差がしばしば社会問題化されるように、学校教育における公平性・公正性とは何で、それをどう実現するかはいまだ解決されていません。少なくとも、ＲＣＴの方法が論争含みなものであることは、念頭に置いておく必要があります。

最後に、以上のＲＣＴのむずかしさをふまえたうえで、実際にエビデンスを「つかう」場面での注意点を考えてみましょう。

まず理解しておかなければならないのは、統計的に処理された因果関係や相関関係はあくまで確率論を前提にしていることです。統計処理に基づくエビデンスは、確率論的に蓋然性が高いことを示しているにすぎず、「特定の個別ケースについて正確に説明することを目的としているわけではない」（中澤、２０１６、96頁）のです。

ＲＣＴは、交絡因子を無化する統計処理を施すことで実証性を担保しますが、個別ケースにはそこで無化された交絡因子が何らかの影響を及ぼすことのほうが普通でしょう。また、論理学では「逆は必ずしも真ならず」とよく言われますが、結果として何かが見て取れたとして、その原因がエビデンスとして語られているものとは限りません。たとえ「朝食を食べると、学力があがる」ことが因果的に確かめられたエビデンスだとしても（実際にはそうではないのですが）、ある児童・生徒の学力があがったのを見て、その児童・生徒は朝食を食べていたに違いないと判断したとすれば、そこには問題があります。雨が降れば地面が濡れることが確かだとしても、目の前の地面が濡れているのは誰かが水を撒いたからかもしれないからです。

ある個別の現象が生じるには、多様な要因が絡まっています。**エビデンスはあくまでその解釈の大きな手掛かりのひとつなのであって、教師の判断は不可欠**です。

「エビデンス」の身振りを見誤らないこと

前項で述べたRCTの意義と課題は、実のところ、「エビデンスに基づく教育」を慎重に進めている人であれば了解済みのものばかりです（そう願っています）。そもそも確率論は、現実が不確実で複雑であることを認め、それを飼いならすことからはじまっています（ハッキング、1999）。また、「エビデンスに基づく教育」を慎重に進める人は、様々な制約のもとで明らかになったエビデンスを、具体的な状況や当事者の価値観に照らし合わせて活用することを説いています。

さらに、（ノーベル賞を受賞したエステル・デュフロの書籍を読めば明らかなように）ＲＣＴを生み出すためには的確な仮説が重要であり、そこには理論や実態調査が不可欠です（デュフロ、２０１７）。ＲＣＴを用いて明らかになった結果に考察を加え、さらなる問いが導かれることもあります。

「エビデンスに基づく教育」を慎重に進めている人が、何でも数値化し、ＲＣＴを頂点にして他の研究方法や教師の専門的な判断を掘り崩そうとしているという黒船的なイメージは幻想です（逆に、「エビデンスに基づく教育」を救世主扱いするのも危ういでしょう。エビデンスを生み出すには様々な制約・限界がありました）。

それでも注視しておくべきなのは、**「エビデンス」がどのような身振りをし、レトリカルな効果を発揮するのかということ**です。

たとえば、ニコラス・ローズは遺伝学の進展がもたらした大きな変化として、現在の病状だけでなく、潜在的な病気や障害を診断することが可能になったことを挙げています（ローズ、２０１６）。それらがリスクとして理解されることで、人々は予防のために現在の生き方を変えてしまうというのです。また、統計上の標準（normal）にすぎない数値が、規範（norm）として働くことで、人々の行動の仕方が制約されるかもしれません。「エビデンスに基づく教育」に即していえば、**たとえ推進する側にその意図がなくても、学力テストが成果を測る指標として拡がることで、教師が児童・生徒の成長を見取る視点が学力に偏ってしまう**かもしれません。

また、科学史のセオドア・ポーターによれば、保険や会計において数値が客観的なものと見なされるようになったのは、それらにかかわる職種が厳密な統計処理を第一にしていたからではありません（ポーター、２０１３）。数値化が推し進められたのは、外部からの不振に応えるために、自分たちの専門性を明らかにしようとしていったからです。**共同体内で共有されていたものに疑いの目が向けられると、その共同体を超えて共有可能な数値が前景化していき、個人の判断は主観的なものとして周縁化していく**ことになるというのです。

仮に「エビデンスに基づく教育」が、外部からの教育不信に応えるために機能しはじめるとすれば、教員や教育学研究者はより確実な証拠を示そうと数値化できるものだけに頼ろうとするかもしれません。

しかし、日本の授業検討会は、厚みのある記述を共同で生み出していく文化を創り出してきました。**授業検討会は統計的に推論される「原因」ではなく、解釈学的に「理由」を語り紡いでいく意味生成の場だ**と考えられます。物語ること（ナラティブ）を通した理解は、統計的な因果推論とは別の意味での「客観性」にかかわるのであり、多様な意見を考慮したうえでの共通了解の探求過程がそれを支えているのでしょう。「エビデンスに基づく教育」は万能でもないし、すべての教育現象を覆いつくすわけでもないのです。

（杉田浩崇）

〈引用参考文献〉

●デュフロ、エステル（２０１７年）、峯陽一・アリーン、コザ訳『貧困と闘う知―教育、医療、金融、ガバナンス』みすず書房

●ハッキング、イアン（１９９９年）、石原英樹・重田園江訳『偶然を飼いならす―統計学と第二次科学革命』木鐸社

●原田隆之（２０１５年）『心理職のためのエビデンス・ベイスト・プラクティス入門―エビデンスを「まなぶ」「つくる」「つかう」』金剛出版

●Hargreaves, D., [1997] 2007, "In Defence of Research for Evidence-based teaching," M. Hammersley (ed.), Educational Research and Evidence-based Practice, London: Sage Publications, pp.3-17.

●国立教育研究所編（２０１２年）『教育研究とエビデンス―国際的動向と日本の現状と課題』明石書店

●熊井将太（２０１５年）「『脳科学に基づく教育』の批判的検討」『山口大学教育学部研究論叢第三部』第64号、55～67頁

●中室牧子（２０１５年）『「学力」の経済学』ディスカヴァー・トゥエンティワン

●中澤渉（2016年）「教育政策とエビデンス」『岩波講座教育変貌への展望2　社会のなかの教育』岩波書店、73〜101頁
●OECD教育研究革新センター編（2010年）／岩崎久美子、菊澤佐江子、藤江陽子、豊浩子監訳『教育とエビデンス―研究と政策の協同に向けて』明石書店
●ポーター、セオドア（2013年）、藤垣裕子訳『数値と客観性―科学と社会における信頼の獲得』みすず書房
●ローズ、ニコラス（2016年）、堀内進之介・神代健彦訳『魂を統治する―私的な自己の形成』以文社
●佐藤郁哉（2015年）『社会調査の考え方（上）（下）』東京大学出版会
●Strathern, M., 2000, Audit Cultures: Anthropological Studies in Accountability, Ethics and Academy, London & New York: Routledge.
●杉田浩崇（2015年）「エビデンスに応答する教師に求められる倫理的資質―徳認識論における知的な徳の位置づけをめぐって」『教育学研究』第82巻第2号、229〜240頁
●杉田浩崇、熊井将太編（2019年）『「エビデンスに基づく教育」の閾を探る―教育学における規範と事実をめぐって』春風社
●丹後俊郎、松井茂之編（2018年）『新版医学統計学ハンドブック』朝倉書店
●内田良（2015年）『教育という病』光文社新書
●内田良（2019年）「教育のリアル―現場の声エビデンスを探る(1)「臨床」という幻想」『教育と医学』第67巻第7号、532〜539頁

第10章

社会に開かれた教育課程

―カリキュラム・マネジメントと「地方創生」

近年、「社会に開かれた教育課程」や「カリキュラム・マネジメント」などの用語を目にする機会が増えました。これらは２０１７（平成29）年改訂の学習指導要領で新たに提唱されたものです。

こうした新しい用語が示されると、いまのやり方を捨てて大きく変化しなければいけないのかと不安に思ったり、あるいは、改革についていかなければ、と義務感が生じたりします。学校への風当たりが強い昨今では、なおのことでしょう。

これらの不安や義務感は、現場の先生方が誠実だからこそ生じる面もあり、必ずしも悪いわけではありません。しかしながら、新しい言葉で落ち着きを失い、せっかく各校の積み上げてきた実践を過小評価して一蹴したり、自信をなくしたままで新たな試みを形だけ導入したりしても、結局は児童・生徒に響かない教育活動になりかねません。

実際、カリキュラム・マネジメントというと、その本質や考え方よりも、教育課程を学年別の表にして関係箇所を線でつなぐ等、わかりやすい作業に矮小化する例もあります。社会に開かれた教育課程についても、学校外の人々に理解されるのか疑問に思いながら、ホームページで教育課程表を公開して終わりということもあるようです。

右記の用語は、（新しいというよりも）これまで繰り返し述べられた重要な考え方が形を変えて再登場したという面もあります。新たな用語に踊らされる前に、まずはこれらの根本にある本質的な発想や趣旨を確認しておきましょう。

学校と社会の新たな関係

1 社会に開かれた教育課程

周知のように、2017年の学習指導要領の改訂は、単に教育課程(カリキュラム)の大枠を静態的に示しただけではありません。教育課程は不動不変ではなく、また単に各校で編成されて終わりではなく、児童・生徒や地域の実情に応じて計画・実施・評価・改善されるものであるという、動態的な発想が打ち出されました。

まずは、改訂の考え方の土台となった2016年の中央教育審議会(中教審)答申を用いて[①]、現状の語りを確認しておきます。

そこでは、まず「何ができるようになるか」「何を学ぶか」「どのように学ぶか」等、従来の学校や指導のあり方等を改善するための視点が示されました。それらを推進する中心理念とされたのが「社会に開かれた教育課程」という考え方です。この考え方では

〈注①〉中央教育審議会答申(2016)「幼稚園、小学校、中学校、高等学校及び特別支援学校の学習指導要領等の改善及び必要な方策等について」(中教審第197号)

次の三点が重要になるとされます。

①社会や世界の状況を幅広く視野に入れ、よりよい学校教育を通じてよりよい社会を創るという目標を持ち、教育課程を介してその目標を社会と共有していくこと。

②これからの社会を創り出していく子供たちが、社会や世界に向き合い関わり合い、自らの人生を切り拓くための資質・能力とは何か、教育課程で明確化し育むこと。

③教育課程の実施に当たって、地域の人的・物的資源を活用したり、社会教育との連携を図ったりし、学校教育の目指すところを社会と共有・連携して実現すること。

つまり、目標共有・内容明確化・実施方法という三つのポイントで、学校の中心核である教育課程を社会に対して「開く」ことを示しています。

こうして答申では、各校で編成される教育課程について、「児童・生徒に何を教えるか／彼らが何を学ぶか」という内容の検討にとどまらず、そうした内容や、その実現過程を社会と乖離させず、社会に対してどのように関係するのか、社会にとってどのような意味をもつのか等を意識するよう求めているのです。

これらは各校に対して、教育課程の社会的意義を自覚するよう強く促すものです。学校教育の内部である教授＝学習活動の次元ではなく、学校と社会の関係性の次元に焦点が当たっているといえます。この強調は、従来の改訂にはあまり見られなかったものであり、２０１７年改訂の最大の特色と言えるでしょう。

２　カリキュラム・マネジメント

以上の「社会に開かれた教育課程」を実現する方策として、教育経営学の分野からは大きく二つ注目される点があります。それが「カリキュラム・マネジメント」と「地域との連携・協働」という二つの柱です。

まず「カリキュラム・マネジメント」について、答申では「各学校が設定する学校教育目標を実現するため、学習指導要領等に基づき教育課程を編成し、それを実施・評価し改善していくこと」と定義されるものです。

これまでも教育課程の編成は各学校に任されてきました。しかし従来、教育課程の基盤が学習指導要領によって強固に提示されているため、ともすれば各校が教育内容を独自に構想するというよりは、与えられた知識内容を、定められた期間内にどれほど実現できるか、あるいは詰め込めるか、換言すれば、授業内に所定の内容全部を伝えきれるか、ということだけを意識化・主題化しがちでした。

これでは「授業を年度や学期等の期間内に終わらせる」ことのみが至上命題のように意識されてしまい、児童・生徒がどれほど学んだか、何ができるようになったか、といった教育の重要課題は、おざなりにされかねません。

こうした問題状況を反転させ、単に授業（特に、教師からの一方的な説明）を遂行・履行するだけではなく、各校の教育課程が児童・生徒に必要な資質・能力を身につけさせるものとなっているか、それを不断に確認・改善していくことを求めているのです。

そのうえで答申では、「カリキュラム・マネジメント」には、次の三つの側面があると述べます。これらは**目標設定、行為過程、資源活用という教育経営の基本視点に対応する**ものと考えられます。

①各教科の相互関係を重視、教科等横断的な視点で、学校教育目標の達成に必要な教育内容を組織的に配列していくこと。
②子供や地域に関する調査やデータに基づき、教育課程の編成・実施・評価・改善のPDCAサイクルを確立すること。
③地域等の外部資源も含めて活用しつつ、教育活動に必要な人的・物的資源等を、教育内容と効果的に組み合わせること。

従来、学校経営というと、教育内容という「中身」（いわゆる「内的事項」）にはあまり深く立ち入らず、その中身を入れる「器」としての学校組織（たとえば組織編成の原理や協業のあり方等の「外的事項」）だけを動かすものと考えられることもありました。学校経営によって人や物などの条件を整えた後に、各教室を中心として先生たちが教育内容を直接に担い、実現していくようなイメージだったかもしれません。

ところが2017年の改訂では、あらためて教育内容と密接にかかわるものとして、カリキュラムを動かす中心的な教育実践として、学校経営の概念が再定義されていると受け止めることができるのです。

3 「開かれた学校」の新局面

カリキュラム・マネジメントに次いで注目されるのが、「地域との連携・協働」、すなわち「開かれた学校」です。これまでも言われてはきましたが、答申は、学校と地域社会の関係について、さらに一歩進めた取組を求めています。

そこで提起されるのは、従来のような学校施設の開放、授業参観、学校運営への意見聴取、教育活動への支援・資源の獲得（ゲストティーチャーや登下校の見守り等）だけではありません。未来や地域の理想像を共有しながら、児童・生徒に求められる資質・能力についての考え方や、教育課程自体をも共有せよというのです。従来の一般的な「開かれた学校」では、地域住民・保護者を外部からの来訪者と位置づけがちでしたが、答申では、文字どおり学校教育の中身を一緒につくる内部者と位置づけたといえます

これに深く関係する制度としては「コミュニティ・スクール」制度が有名でしょう。前述の答申でも、幾度となく言及されています。

ご存じのように「コミュニティ・スクール」制度は、2004年に法制化されましたが、近年、大きく変容しつつあります。法制化当初は、公教育の「信頼回復」を目指し、地域が学校を監視・監督するための制度として、その役割が期待されたところでした。しかし、2015年の中教審答申によって、同制度に期待される役割や理念は、次のように書き改められることになりました。[②]

①「開かれた学校」から一歩踏み出し、目標やビジョンを地域と共有し、地域と一体になって子供たちを育む「地域とともにある学校」へ転換する。

②「子どものみならず、大人も学び合い育ち合う体制」を、個別バラバラに展開するのでなく、地域で一体的・総合的に構築する。

③学校を核に地域の人々が協働して、地域の将来を担う人材を育成するという「学校を核

とした地域づくり」を推進する。

法制化当初に物議を醸した「教職員の任用に関する意見の申出」についてもトーンを抑え、「学校の応援団」という役割を強調しています。教員人事さえ左右しそうだった当初の厳しさは影を潜め、学校と地域との仲のよい関係づくりを目指すという、きわめて穏やかな制度として再出発することになったのです。

2017年の学習指導要領の改訂は、こうした流れを土台として、地域との深い関係のもとで学校の位置や役割を再確認・再定義するものといえます。

つまり、地域は「学校の応援団」として位置づけられ、当初の「コミュニティ・スクール」制度が有していた「学校の監視団」的な要素は薄まりました。そのなかで、学校は支援される一方の存在ではなく、積極的に地域と社会へ貢献することが期待されています。このことをポジティブにとらえると、教育の力を通じて、地域や社会全体を変えていくような理想が掲げられているといえるでしょう（「地方創生」や「Society5.0」にもつながります）。児童・生徒に向き合うだけでも十分に社会の期待に応えてはいるはずで

〈注②〉中央教育審議会答申（2015）「新しい時代の教育や地方創生の実現に向けた学校と地域の連携・協働の在り方と今後の推進方策について」（中教審第186号）

すが、そのことも含みながらもそれを超え、あらためて、社会に対する学校教育の貢献度や存在意義をアピールするものになっているのです。

改革の過程に見る教育の本質と課題

1　理想をめざす過程にこそ本質が浮かぶ

以上のように確認すれば、教育課程表をつくって終わり、地域に情報提供して終わり、という単なる表層的・形式的な対応で間に合うものではなさそうです。教育学の諸分野、特に筆者が所属する教育経営学分野の発想や蓄積が丁寧に織り込まれています。

２０１７年の改訂は、学問成果に根ざしつつ、教育課程という学校の「本丸」に正面から斬りこみ、地域や社会全体との関係を深く見直すことを、各校の教職員に強く要請するものといえます。

教育の内容や方法の総合的・包括的な改善を、各校が地域とともに歩みながら、組織的努力によって達成するという理想自体に異論はありません。けれども、いざ理想を実現しようとすると、じつにさまざまな課題に直面することが予想されます。**問題とすべきは、理想自体ではなく、その実現に際しての条件や弊害への目配り・言及が乏しいこ**

とです。

　しかも、それらの条件や弊害は、真剣に教育に取り組めば取り組むほど意識せざるを得ないものであり、決して教育の外側からもたらされるものではありません。逆にいえば、そうした条件等をじっくり見つめると、現代の学校が直面する課題・挑戦、あるいは教育の本質を考究する手がかりが潜んでいるとも考えられます。

　そこで次に、これまでの教育学の知見を念頭に置きながら、「社会に開かれた教育課程」を実現する二本柱である「カリキュラム・マネジメント」と「開かれた学校」のそれぞれの課題について、若干の検討を試みましょう。

2　「カリキュラム・マネジメント」をめぐって

　この議論の第一人者によれば、我が国では戦後の新教育運動以降、カリキュラムについては議論も実践も活発ではなく、各校で教科書掲載の単元を並べて教育課程とされた後は、教師にも顧みられることなく形骸化してきたと言います[③]。

　1950〜70年代には「教育課程の自主編成」という取組も生まれました。背景に

〈注③〉田村知子（2014）『カリキュラムマネジメント』日本標準、10頁／田村知子編著（2011）『実践・カリキュラムマネジメント』ぎょうせい、i頁

は、戦前の画一的な教育行政のもとで自由に教育課程を研究できなかったことへの反省や、戦後の学習指導要領の法的拘束力をめぐる論争等がありました[4]。ただ、教育課題への対応に追われる日々の多忙もあり、長続きはしませんでした。

　こうした歴史を経て現在、先述のように時代や社会の変化に対応すべく、各校による教育課程の自律的な作成・実施・評価・つくりかえという「カリキュラム・マネジメント」が提起されたものと理解できます。

　たとえば、かつての実践が教育課程をつくること（編成）に焦点化しがちだったことに対して、今次改訂では、評価や改善も含み、それら全体を動態的に把握したことや、明確に概念化したこと等については、一定の進化と評することもできます。

　しかし、そもそも戦後以来一貫して教育課程の編成が、各校で、しかも毎年度実施されるよう定められてきたということは、もともと個々の実情や過去の反省に応じて、そのつどつくりかえるという循環過程が想定されていたと考えるべきです。

　この点は学説でも鋭く問い直されてきました。そして、**この循環過程の形骸化ゆえにこそ学校教育から躍動感が失われたという問題意識を土台に、教育課程は経営されるべきものであるという教育課程経営の考え方が幾度となく提起されてきた**のです[5]。その意味では、今次改訂は必ずしも新しいものといえません。従来大切だとされながら実現されなかったものなのです。

そうであるなら、むしろ、なぜこの発想が実現・定着しなかったのか、その必然性を生み出してしまう学校の実情を、改善すべき面もよい面（継続・更新すべき面）も含めて、しっかり見つめることが大切でしょう。それこそが歴史や学説から学ぶべき点と思われます。

こうした立場からすれば、いまの動向に対しては次の三点（主体・集団・文化）で懸念が残ります。

①規格化との矛盾のなかに教師の主体性を見いだす

第一に、当然、教師一人一人が教育課程へ主体的に向き合うことが重要です。ただ、それを単に推奨・期待すれば済む話ではなさそうです。そこには、現代教育のむずかしさや矛盾があることを直視しなければなりません。

先にみた形骸化には、基準ではあっても学習指導要領が存在することや、教科書・指導書が立派に整備されていること等、教育の「規格化」と呼べる傾向が深く関係します。

〈注④〉平原春好（１９９３）『教育行政学』「第六章　教育課程」参照、東京大学出版会

〈注⑤〉例として、高野桂一編著（１９８９）『教育課程経営の理論と実際』教育開発研究所

これらに依拠すれば、進むべき方向や作業量が見えやすく、授業時数も効率的に「消化」できそうに思えます。その分で生じた余裕を指導の上乗せや他の業務に回せます。昨今の時間的・精神的に余裕のない多忙下では不可欠でもあります。これらの諸規格は日本の教育界の財産ともいえる面があり、それを全面的に否定して主体性だけを求めすぎるのは酷な話かもしれません。

反面、もし教師が教育課程づくりに熱意をもたず、他律的な授業づくりに走るならば、誰かが決めたことに乗って授業をこなすだけになります。日々異なる表情を見せる児童・生徒に応じた、創意工夫あふれる授業は生まれにくいでしょう。

もとより諸規格への安易な依存は慎むべきですが、肩肘張って単純に主体性の発揮を強要するのでもなく、**日常の教育実践に埋め込まれた規格化傾向を自覚・抑制・活用しながら、矛盾のなかで主体性を発揮せざるを得ない現況を、まずは柔軟かつ冷静に把握すべき**です。そうでなければ、改訂の提起は画餅に終わるでしょう。

②教師個人と教師集団の結び直し

第二に、こうした矛盾を超えるためにも、各校の教職員が組織・集団として学び合い、変化・成長していくことが取組の鍵になります。

ですが、組織的な学びの実現については、建前はともかく本音では疑問視する人もいるようです。学校の環境的問題として、声の大きな人が有利になる、教育に無関係な人間関係が悪影響をおよぼす等、学びを阻害する残念な現実も一部に見られます。

また、教師の心情として、教室では一人という責任感から、あるいはこれまでの実践への自負から、組織的な学びへの抵抗感や不要感が生じることもあります。

たしかに組織的学びは大切ですが、他方でこれら内面的問題は、①**教師一人一人が教室でがんばっている証でもあり、②それがいまの学校で十分に認められていない可能性、つまり〝相互承認と尊厳の不足〟を示唆しており、③とはいえやはり個々の教師の卓越性を追求する姿勢こそが、教育を前進させる原動力として不可欠であること**を再確認させるものとなっています。これらへの意識を欠くと、組織・集団の強調は個人にとって抑圧的な印象を与えかねません。

こう考えると、組織的学びを真に広げるには、単にその重要性を強調するだけでなく、教育に本質的・必然的な教師の内面的機微（「実存」）を繊細に配慮・尊重しつつ、同時に、とりわけ同質性・同調意識の高い日本では、個人と集団とのつなぎ方が下手であることも率直に認めながら、あらためて両者を結び直す知恵や工夫を一から積み重ねていくことが必要です。

③学校経営の「文化」を豊かに

第三に、マネジメントの基本とされるＰＤＣＡサイクルなどの発想やツールの使い方にも注意が必要です。そもそも何のためか、本当に児童・生徒のためになっているかの検証を忘れ、形式的にチェックリストにレ点を入れるだけになることもあります。

むしろ必要なのは、日々の教室や学校のささやかな変化等から逆に照らして、現行の教育課程の不足点や課題を見つけることのはずです。それこそが評価と改善の役割と言えます。ゆえに右記サイクルの機械的な運用は避けなければなりません。

にもかかわらず、たとえば（特に国立の）大学改革では経済発展への貢献が過度に強調され、評価が給与に反映される等、教育の場としての性質に負の影響を及ぼしています。同じことが初等中等教育の諸学校に再現されないためには、こうした経営ツールを利用する側の受け止め方や、使い方に関する思想の深まりとその共有、いわば評価文化・経営文化を、各校で意識的・積極的に豊かにしていくことが不可欠です。

3　開かれた学校づくりをめぐって

①対立面とその意義にも目配りを

次に、もう一つの柱である「開かれた学校づくり」の検討に移りましょう。これについては、以下の2つが課題として挙げられます。

第一に、学校は必ずしも常に地域から応援される良好な関係を築けるわけではありません。対立・葛藤の局面をいかに意義づけるかについても考えるべきです。

従来も、学校ボランティア、学校開放、三者協議会など、「開かれた学校」の実践が数多く展開されてきました。けれども、逆に言えば、学校と地域の関係はそれほどむずかしいものであり、絶えず調整が必要なものだったのかもしれません。

そもそも学校と地域は順接関係ではなく、対立関係も多く含みます。地域では生活実感や感情に根ざし、特に資格をもたない人々が子育てを行うのに対して、学校は科学など普遍的な人類の文化について、専門的資格・技術に基づく教師が指導します。ときに両者は相容れず、相互に不満が生じることもあります。[⑥]

加えて、現代的特質として、我が国では1980～90年代にかけて管理教育・体罰等への反発もあって、学校や教師への不信を強める世代も見受けられます。

他方、教師側も学校を開くことには根強い抵抗もあるでしょう。「モンスターペアレント」といった不信に満ちた呼称も飛び交い、実際に「保護者対応」で苦労する教師も

〈注⑥〉久冨善之（2017）『日本の教師、その12章―困難から希望への途を求めて―』新日本出版社、99～109頁参照

後を絶たないと言われます[7]。

「開かれた」という受け身形の語が選ばれたのは、「開く」という語を使うと主語が明示されることを避け、誰ともなく自然に開かれる受け身の様子を想起させることによって、少しでも抵抗を減らそうという意識に基づくのかもしれません。

とはいえ、対立・葛藤がすべてダメとは言えません。もちろん環境や相手にもよりますが、自分と意見の異なる相手を説得できる方途を探すことによって、発想の幅が広がることもよくあることです。**対立や葛藤こそが私たちの価値観や寛容さを鍛え、豊かにするという理念のもと、それらをバネにする実践の蓄積が大事になる**でしょう。応援する&される＝無批判での相手の全面受容、と錯覚しないことが大切です。

②社会の問題点の「直輸入」にならないか

第二に、地域が学校を応援するか否かという二分法的な把握・評価ではなく、仮に応援するにしても、その質について吟味する態度が必要です。

たとえば、いわゆる学校文化や学校的な価値観は、学校教育を経験する世代が増えるとともに我が国に普及してきました。そこには過度の生真面目さや建前・理想だけの重視等も含み、「学校くさい」と言われたり、息苦しい「学校化社会」と批判的にとらえられたりする側面もあり、改善の余地があります[8]。地域が学校を応援する際、こうした側面を相対化できず、むしろ過剰に同調してしまうならば、堅苦しさや息苦しさが増幅され、圧迫される児童・生徒が増えるかもしれません。

あるいは、教育社会学分野の知見では、教師が無自覚であれば、学校は経済的ないし文化的な格差や不平等を再生産する傾向にあるとも批判されます[9]。この知見に基づく想定例を挙げると、もし学校にやってくる地域の人々が、上品で如才なく大人への対話力の高い児童・生徒を高く評価する一方、「しんどい子」「ヤンチャな子」へ厳しいまなざしを向けて疎外するようになれば、すべての児童・生徒の力を伸ばすという学校教育の役割は果たしづらくなり、ますます「再生産」の度合いを強めてしまいます。

これらの問題がむずかしいのは、悪気がなくとも無自覚のうちに発生してしまう点です。地域が学校に関与するにあたっては、こうしたむずかしさへの配慮が強く求められるでしょう。「困った子こそ、困っている子」など、学校現場では有益かつ重要な発見や知恵も蓄積してきたはずですから、それらこそを地域と共有し、また、地域からの市

〈注⑦〉小野田正利（2015）『先生の叫び　学校の悲鳴』エイデル研究所
〈注⑧〉上野千鶴子（2008）『サヨナラ、学校化社会』筑摩書房、66頁
〈注⑨〉酒井他編著（2012）『よくわかる教育社会学』ミネルヴァ書房、14～15頁

民社会的な良識に学校側も学ぶ―、こうした、さらに一歩立ち入った形で〝学校と地域の関係調整の理論〟とその言語化・共有・発展が求められるゆえんです。

応用問題として、「子どものために」という用語も再吟味する必要があるでしょう。一口に「子ども」といっても、彼ら自身も現代社会を生きる以上、階層・階級の分化・分裂があり、それは彼ら自身の責に帰せられません。この状況下で**「子どものため」というのは、一体、どの層を利し、または不利にするのか、将来の平等な民主国家の発展につながるのか、聞き心地のよい言葉の陰に目を向ける必要があります。**

子どもと地域を伸ばす教育課程

1　新たな「知の体系」を切り拓く

前述の「カリキュラム・マネジメント」は、高い理想で必要性もたっぷりに思えますが、学校ぐるみで、教職員集団が一丸で進めるのは、いまだ容易ではなさそうです。

しかしその目的の一端が、単元・学年・教科・学校全体における位置づけが明確な授業をつくること、児童・生徒が発達の全段階を通じて、将来の社会を担う資質・能力を身につけるよう支えること、そしてそれらの基になる教育課程をつくることにあるとすれば、それは日本の教師たちが希求してきたものであり、過去を紐解けば、いまこそ学び直すべき実践が見いだせそうです。全容は未解明ながら、次はその一例です。

1970年代の東北のある地方で、乱開発による公害や荒廃等の生活危機を目の当たりにした教師が、生活や自然を守る住民運動と一緒に学び、また大学等の研究者たちと連携しつつ、既成の理科の教育課程を抜本的に見直したそうです。

そこでは、高度経済成長の社会が生産と消費のみを重視し、自然界の分解や還元を軽視してきたとの反省のもと、「菌類＝生態系における還元者」の教育が系統的に組み立て直され、小学校3年生から高校にいたる生物分野の教育課程に導入されました[⑩]。

これは、生態系への深い理解が大人と子どもの双方に根づかない限り、事態は好転しないとの信念に裏づけられた実践でした。そして科学的な知識を、児童・生徒に暗記するよう強要するのでなく、まさに彼らが未来社会を生きる力として（社会に流されるだけでなく、ときに社会を変える力として）習得できるよう、〃教育的に転換・翻訳〃して体系化しようとしたと言えます。いわば、既存の科学知に潜む権威性を建設的批判的にとらえ直し、未来の主権者にふさわしい発達保障のための知の体系を生み出したのです。

〈注⑩〉中内敏夫（1998）『中内敏夫著作集Ⅰ』藤原書店、216〜221頁

この事例は少し大がかりですが、教育実践は学校の枠を超えて、地域の人々の認識や知識・知性のあり方、自然環境や経済成長への向き合い方・価値観・行動様式など、いわば地域の「文化」を左右する重要な潜在力を有するものです。また教師は、定型的で確定済みの知識（情報）をそのまま児童・生徒に伝達するのではなく、未来社会に向けた新たな価値や意義づけを加えつつ、さらに発達段階や発達課題に即して加工しつつ、彼らに体得してもらえるよう努めることが大切です。

教育の語源の一つは「養い・太らせる（豊かにする）」という言葉だそうですが、子どもを豊かに育て、そのために必要な科学や文化を「太らせ」、そして地域を豊かにしていく、教師はこのような言葉本来の意味での「教育」者であってほしいものです。「カリキュラム・マネジメント」を皮相的な流行で終わらさないためには、これらの原点に立ち戻り、教師各自が地域の人々と共に文化＝「新たな知の体系」を創り、学校の枠を破って地域にも定着させる、そんな気概をもつことが必要ではないでしょうか。

2　大人こそが学ぶ

教育は未来の地域・社会をつくる礎です。国民主権・地方自治の民主国家では、未来の社会づくりである教育は、主権者として市民自身の手で行われるべきです。

とはいえ教育は、一般の政治・行政のように直接（たとえば、土木事業等を通じて）現世代社会に働きかけるのではなく、児童・生徒という、大人と対等な〝人格〟の発達を通して未来社会へ働きかけます。彼らを社会発展の単なる「手段（＝人材）」とせず、彼らの幸福実現自体を「目的」としなければなりません。この点で、教師は単に社会に従属せず、社会的要請を人格的要請につなぐ独自の役割を期待されます。

他方で学校・教師は、たとえば知らない間に児童・生徒や保護者・地域に対して抑圧的に接したり、傲慢になったりすることもあります。教育自体が権力性を帯びてしまうのです。にもかかわらず、教師によい意味での威厳や権威がなければ、教育効果は低減してしまうでしょう。こうした基礎や矛盾に立ち戻って考え直せば、「開かれた学校」で実現されるべきは、単なる「学校応援団」とは言えません。

地域は、教えることのむずかしさや教師の窮状（多忙化等）を深く共有する必要があります。児童・生徒の発達が困難なのは、現世代の自分たちの生き方に原因があるかもしれないという自省も求められます。地域や社会の将来を子どもに託すことを、子どもへの責任転嫁に終わらせず、現世代社会での責任を果たす―教育を深く考えることで、こうした大人の育ち直し、真の意味での地域（再）創生につなぐことこそが重要なのです。

教師は、教育の主権の所在と自らの役割のむずかしさや権力性を直視しながら、地域を〝鏡〟として、ときに児童・生徒のために必要ならば地域との対峙も辞さず、自らの専門性を磨く必要があります。

保護者や地域の苦悩・困窮をつかめているか、児童・生徒の変化を地域や時代の変化と重ねて理解しているか―教師の専門性は基本的には教材等の文化や児童・生徒に向けられるものですが、それを深めようとすれば、必然的に地域や社会にも真剣に向き合うものとなるはずです。地域や社会全体への感受性をさらに高めることが求められます[11]。

以上のように考えれば、単に地域を学校の応援団とみなして終わりではなく、その深いとらえ直しを前提として、かつ、地域の側の問題点にも目配りをしていくことになるでしょう。**地域**(**保護者・住民**)**と教師による〝大人の学びと変化〟を軸として、学校づくりと地域づくりを同時進行させる、こうした理想をあらためて確認する**―この点にこそ、2017年の学習指導要領改訂に向き合う意義を創造的に見いだしたいものです。

(山下晃一)

〈注⑪〉歴史的代表例として、森垣修(1979)『地域に根ざす学校づくり』国土社

座談会

いま一度、立ち止まり、語り合っておきたいこと

山下 晃一
神戸大学准教授

渡辺 貴裕
東京学芸大学准教授

川地 亜弥子
神戸大学准教授

亘理 陽一
静岡大学准教授

石井 英真
京都大学准教授

熊井 将太
山口大学准教授

藤本 和久
慶應義塾大学教授

杉田 浩崇
広島大学大学院准教授

赤木 和重
神戸大学准教授

*日程上のご都合により、ご出席が叶わなかった木村拓也准教授（九州大学）におかれましては、「未来の教室」に関するコメントをいただき、注の形式で掲載。

石井　もう何度となく「改革、改革」と言われ続けていますが、教育を専門とする者からすると、いつか来た道…と感じることが多くあります。目新しく見えるようでいて、〝古臭いな〟と感じる。たとえば、経済産業省が「学びの場創出事業」として打ち出している「未来の教室」[①]などもその一例です。この事業に対して、教育外のみならず、〝斬新〟で、〝輝いている〟ような受け止められ方をしていることに、いまの教育をめぐる状況が象徴的に表れていると感じるとともに、危うさも感じます。

そこで、本日は、主にこの「未来の教室」を題材にしながら、過去を紐解きつつ、いま日本の教育に起きている「現象」「課題」、そして「展望」について語り合いたいと思います。

教育の世界で〝明確な成功がある〟という前提自体を疑う

亘理　「未来の教室」のウェブページでは、次のキャッチコピーが掲げられています。

〈注①〉経済産業省「未来の教室」https://www.learning-innovation.go.jp/about/

時代は「成功体験」→「停滞・凋落」へと変遷し、「過去の成功体験に囚われない、時代の変化に合わせた新しい教育『未来の教室』の構築が必要」

これを見たとき、私は強い違和感を覚えました。それは、公教育において一般化し得る「成功体験」と言いうるものが、かつて本当にあったのかという違和感です。ウェブページでは、昭和の時代の「右肩上がりの経済成長」を「成功体験」であると位置づけており、令和の時代になって「変化に対応でき」なければ、「停滞・凋落」すると主張しています。

「成功体験」というからには、「日本の公教育における成功とは何か」が、誰にとっても自明である必要がありますが、実のところきわめて不明瞭です。にもかかわらず、経済分野における「成功体験」を、そのまま教育現場にもち込めるという認識から出発している点に、疑いの目を向ける必要性を感じるのです。

また、学びのSTEAM化[2]にあっては、（STEMにアート〈Art〉が加わっているところにポイントがあるわけですが）、それがそもそも何なのか、まったく説明されていません。

石井　経産省の打ち出すロジックには、どのような前提があるのでしょう。

藤本「昭和の時代の経済発展は、当時の教育の成果だった」という言い方はできるかもしれませんが…。

渡辺　それもあるだろうし、日本の教育が世界各国から注目されていた時期があったことに立脚しているのかもしれません。ただし、それはあくまでも外部からの評価であって、教育関係者が、〝自分たちの教育は成功している〟という手応えを得ていたわけではないはずです。

私たちにしてみれば、昭和の時代だろうと令和の時代だろうと関係なく、「うまくいったことも、そうでなかったことも、共にたくさんあった」というあたりが、一般的な認識なのではないでしょうか。

石井　そもそも、**教育の世界で〝ベストな制度がある〟〝明確な成功がある〟という前提自体を疑う必要があると**思います。「改革」というと、改革が行われる時点で「前が悪くて」とか「問題があって」という語り方をするのですが、後で見たときに、当時問題だと思っていたものが、実はそれなりにうまくいっていたと気づくこともあります。

社会制度の設計において、完璧なものがあってそれをめざすという想定は危うく、い

〈注②〉STEAMとは、Science（科学）、Technology（技術）、Engineering（ものづくり）、Art（芸術）、Mathematics（数学）の5つの単語の頭文字を組み合わせた造語で、「未来の教室」では、①学びのSTEAM化、②学びの自立化・個別最適化、③新しい学習基盤づくりの3つを柱に掲げている。

ろいろと問題はあっても、よりましな制度、よりましな学校としてみたときにどうかという発想が大事だと思います。

そう考えると、確かに昭和の高度成長期の頃は、教育機会の量的拡大と一定水準の保障という点でそこそこましだったのかもしれない。だけど、量的発展が進んだ先に、教育の質の問題に人々の関心がシフトしたとき、一定水準が確保されるだけでは満足せずに、むしろそれが一斉一律と否定的にとらえられるようになったということなのでしょう。プラスの面とマイナス面は裏表です。

亘理　まさにそうです。教育を「質」で見たとき、人口増と経済成長は、〝たくさんの学校をつくって、そこにたくさんの生徒を詰め込む、教授方法も詰め込む〟といった負の状況を生み出しました。その意味で、**かつての経済における成功と教育における失敗は背中合わせだった**と言うこともできます。

また、かつての量的拡大を望めなくなった現代において、経済界が何を教育界に求めているかに注目すべきでしょう。

かつては、人口増によって、すなわち生産者も消費者も共に数が増えることで経済が成長していく（生産性が向上していく）というモデルでした。つまり、全体としての生産性であったわけです。人口増加を前提としたモデルであった以上、減少に転じた現在にあっては、当然のことながら生産性は下落することになります。これに対して、「国民一人当たりの生産性」と言い出したあたりに危うさを感じるのです。

なぜなら、そこで言う**生産性の向上とは、裏を返すと**（殊に教育の世界では）**コストカットにほかならない**からです。現在の成果は最低でも維持したまま教育全体に要する財政支出をどう抑えるか、知識の教授コストをどう抑えるか、そうしたところに真の動機があって、それがたとえばＩＣＴの推進などにもつながっているように感じます。

詰まるところ、**「未来の教室」とは、ある種の管理主義的な経済効率化を背後に隠しもった教育観なのではないか**とさえ言えるように思います。

【木村・補足】「未来」「新技術」というマジックワードにも注意が必要です。つまり、何か薔薇色に魅了して、ある意味、思考停止させて、何かいいことをしてくれるという「期待」を抱かせる仕掛けが内包されています。

教育は、短期的に効果を考えることができるものではない（長くは、生涯にわたることがあるので）本当の意味で、効果検証はできないとするならば（それは医療でも同じかもしれませんが）、何も、効果が本当は立証されていないことを、あたかも効果があるように、装うことがないと、何も新しいことができないのかもしれません。ある種の世界の危機感（世の中が変わる）も煽っていくことは確信犯的であるとするならば悪質かもしれない、と思っています。

その意味では、扇動的な教育論が流行ることに教育学者は責任を感じないといけないのかもしれません。また、詰め込みがよくない、とか双方向とかいろいろ言われていますが、アジアの日本式教育の取り上げ方を見ていますと、やはり日本の教育の効果というか、日本の基礎学力の高さと、それが徹底的でないことでの基礎学力の底上げに苦労している姿を垣間見ると、日本のこれまでの教育がすべて悪いとは感じません。

ジョン・デューイが言うように、新教育と旧教育のあれかこれかの対立ではありません。昔の教育のすべてがダメで、新しい教育のすべてがよい、という発想が間違いの元だと思いますし、流行に踊らされる原因でもあるかと思います。

渡辺　私は、「未来の教室」で、「時代に合わせて変化する必要性」を謳っている点に着目します。

私自身「旧態依然のままではなく、新しい変化が必要」などと主張することもあるので、そう言いたい気持ちもわからないではありません。しかし、「時代に合わせて」と言われてしまうと、「あれっ、教育ってそういうものだっけ？」という気持ちが湧いてきます。

むしろ教育は、新しい時代、新しい社会をつくることができるものではないでしょうか。**教育を通して、この先どんな時代や社会にしていきたいかを考えることが大事**なのであって、教育がただ時代や社会に対して従属する存在ととらえられることには怖さを感じます。

山下　「社会を変える」というとき、変えること自体が議論の俎上に上がるように思いますが、本当に考えるべきは「どういうふうに変えていくのか」のはずです。この点に着目すると、「未来の教室」をはじめるとする諸施策は、かなり偏った考え方を前提としているように感じます。

翻って、従来の教育実践の伝統に目を向けたとき、私たち教育者がどれだけクリアな将来像を展望してきたかといえば、正直なところ不明確だった点は否めません。

杉田　「公教育の成功をどうとらえるか」というとき、さまざまなとらえ方があると思います。民主的な社会の実現だったり、経済的な側面から見れば格差の縮小など本当にさまざまです。しかし、それが矮小化された形でとらえられがちなところに問題があるように思います。

その一方で、教育は、先の見通しにくい危機の時代にこそ、希望として語られる側面もあるのですが、そんなときにも、私たちは「子どもの個性を生かす」などといった、ある意味よくわからない言葉を希望として語ってきたふしもあります。

私たちはなぜ改革に踊らされるのか

亘理　ほかにも私が危うさを感じるものに、EdTech の導入[3]があります。「知識の習得を最大効率化する」という言い方などが象徴的で、とにもかくにも「自学自習で一人一人やればいい」という発想が根底にあり、肝心の授業論が微塵もありません。

表面上は、聞こえのいい言葉を使って未来のことを語っているようでいて、その実、

〈注③〉EdTech とは、教育（Education）とテクノロジー（Technology）を組み合わせた造語で、教育領域にイノベーションを起こすビジネス、サービス、スタートアップ企業などの総称として使われる。

生み出そうとしているのが「規格化された学習」であるとするならば、一番大事な赤子を産湯と一緒に流してしまうことになりかねません。まさに、こうしたことが、「知識の習得を最大効率化」という言葉に集約されているように思うのです。

石井　関連して言うと、反転授業もそうですし、EdTechの個別最適化を謳うＡＩドリルなどを見ていて思うのは、結局は自動化されたマスタリー・ラーニング④なんですよね。**見た目にはキラキラしていてスマートに見えても、実装している肝心の中身（コンテンツ）は、現状よりも**（新しいどころかむしろ）**「旧式」だったりする**のです。

亘理　こうした現象は、アメリカなどでも起きています。教員資格を求めないことすらあるチャーター・スクールにおいて、コンピューター・ルームに１００人もの子どもを詰め込み、標準テストに対応できるだけのドリル的な学習を延々とやっているという状況です。

各自の能力に合わせた問題に挑戦できる「Computer Adaptive Test」などと言えば、何となく今風に聞こえますが、実際に行われていることは古いマスタリー・ラーニングの焼き直しにすぎません。そこでは、これまで積み重ねてきた教育実践の知見に目を向けるどころか、詰め込み教育などと批判された時代に逆戻りしようとしている印象さえ受けます。こうしたリスクを、推進者をはじめとして誰も語ろうとしていません。

石井　インクルーシブなど、たとえば特別支援関係の切り口からではいかがですか？

赤木　発達障害のある子どもをもつ保護者からすると、むしろ期待感のほうが大きいのではないかと率直に感じています。これは、わが子が学校にうまく適応できず学校に行けなくなったときでも学習が保障されるのではないかという期待感です。

実際、不登校などの問題が増え続けている現状からいうと、「未来の教室」の推奨する取組が浸透していく条件がそろっていると考えることができます。ただし、その結果何が起きるのか…、それこそ教員の非正規化が進み、教員の力量の基盤が切り崩される危険性も同時に高まっていくように思いますが。

亘理　中村高康さんが指摘する「暴走する能力主義⑤」という側面もあると思います。地味で時間がかることをやるよりも、特効薬を求めて新しいものに飛びつきたくなってしまう心的状況が、（善し悪しを度外視して）改革を後押ししてしまうという論理です。

石井　近年の「改革」は、「うまくいってないところを何とかする」という発想を飛

〈注④〉マスタリー・ラーニング（完全習得学習）とは、目標を明確化したうえで、指導の過程でテスト等による形成的評価を行い、その結果に応じて回復学習や発展学習を提供することで、すべての子どもたちの完全習得を目指す授業方式である。

〈注⑤〉中村高康著『暴走する能力主義―教育と現代社会の病理』ちくま新書、2018年

び越えて、「うまくいっていることに満足せず、さらにもっと…」と、際限なく利益や効果を追求しようとしているように見えます。

昭和の時代であれば臨時教育審議会（内閣府が設置）、平成の時代であれば教育改革国民会議や教育再生実行会議（首相の私的諮問機関）などを通して、教育外からの教育提言は幾度となくなされてきました。

たとえば学校週休二日制など、教育の規制緩和や自由化が推奨され、結果として、2000年代には、中学受験の拡大や通塾率の上昇にも表れているように、教育の世界の市場化が進行しました。

親たちは、自分や自分の子どもの私的な利益の追求の一環として、個人的な投資やお金を出して選ぶサービスのようなものとして教育をとらえはじめ、その肥大化する教育熱が外部を呼び込んでいます。その結果、宣伝上手な目新しく見えるプランが出てくると、つい飛びついてしまう。この心理の背後には、現状を「まだまし」とはとらえずに、「もっといいものがあるはずだ」「選べるはずだ」という消費者意識があるように思います。

一方で、教育の内側の人たちは経済感覚に乏しくて、聖職者意識の延長線上でコスト意識もあまりない。だからこそ、無償で、自分のプライベートの時間を削ってまでも、子どもたちの教育に時間と労力をかけることができたわけです。

しかし、教育の外側の人たちからすると、学校のがんばりが非効率に見えるし、お金に換算したら本当なら結構な額になる仕事を教師がやっていることも見える。そこをうまい具合に、もうちょっと安くてほどほどのサービスでやることで、うまくビジネス化できるかもしれないという認識に至っているように感じます。

こうした動きや傾向は、**日本よりも海外、教育界よりも経済界といったように、「学校の内側ではなく、外側にこそユートピアがある」という考え方とパラレルに進行している**ように思います。だから、足元で踏ん張れない。

エビデンスが学校にもたらしたもの

藤本　EdTechで私が問題視しているのは、子どもの学びの経験の仕方です。

というのは、どれだけ今風に見せようとも、実際に行おうとしていることは、「知識を詰め込んだうえで、プロジェクトしましょう」という手法であり、マスタリーラーニングの上にプロジェクトメソッドを乗っけるという不自然な2階建て構造となっているからです。

これは、**現状そこそこうまくいっている学びまでも丸ごと否定し、知識の習得は（教**

師と子どもが共に学び合いながらではなく）、**すべてオートメーション化してしまえば効率的だという発想がある**ように感じます。

では、こうした言説をいったい誰が生み出しているのでしょうか。単に、〝市場原理や消費者意識が、学校の内側にもち込まれた〟というだけでは説明がつかないように思うのですが…。

石井　確かにご指摘のとおりですね。

学校の外側だけでなく、それを受け入れる内側の状況にも目を向ける必要がありそうです。このことについては、たとえば、現場が自信を失っている現状と無関係ではないと思います。

戦後の昭和の時代は、（問題もたくさんあったわけですが）経済成長とともに「今日よりも、明日、いろんなことがよくなっていく」という感覚を社会全体で共有できる時代でした。学校は将来の成功につながる機関であり、教師は地域において数少ない大学卒の学歴をもった知識人でした。こうした条件が、教師や学校への世間のリスペクトを担保してきたように思います。

しかし、１９７０年代中頃、高校進学率が９割を超えて横ばいになり、経済も低成長時代、成熟社会となることで、教師や学校に対する世間の目も変わっていきます。

かつて先進的だとすら思われていた学校らしさが、特殊で一般社会の感覚から乖離している学校くさいものと映るようになった。さらに、公務員バッシングのような形で、ネガティブな視線が送られ続けた結果の一つとして（学校が長い間大切だと考えて実践してきたことを疑問視されるようになったことで）、教師自身が次第に自信を失っていったという経緯もあると思います。

しかも、そもそも不確実性を本質とするのが教育です。〝学校にとって〟〝教師にとって〟〝子どもにとって〟何が成果か成功かということを定義すること自体が困難です。その不確実性ゆえに、よい教育とは何かを追求し、教育の成功について、目の前の子どもたちの多様性にも対応する形で、自分なりに定義できる余地が残されており、教師は自律的たり得るのです。

他方で、「不確実で不安だから、何らかの標準に倣いたい」「やっていることにお墨つきやよすがほしい」という心理が、教師のなかに生まれてしまうという側面もあります。どちらも教職の有する特性だと思います。

東西冷戦の時代などには、「大きな物語」もあって、それを実践のよりどころにもできたし、目の前の子どもの実態や地域性に応じた、たくさんの小さな挑戦が生まれ、それらがさまざまな保護膜によって守られていたのですが、その存続がどんどんむずかしくなってきました。
それに拍車をかけたのがエビデンスだと思います。印象論や思いつきに左右されがちな教育政策において、それは重要です。一方で、エビデンスには従来の規範論を掘り崩していく側面もあり、エビデンス自体が規範化されていくにつれて、教師の不安が助長され、その結果として、目の前にある幸せ、目の前の子どもたちの成長の芽を見守ることをむずかしくしているのではないでしょうか。

杉田　エビデンスという、教育現場の外側に客観的な根拠を求めるようになってきた背景には、イデオロギーとしての教育目的を語りにくくなったことも挙げられると思います。（それ自体の正しさは脇に置いておくとして）自分たちの向かうべき方向性が見えにくくなったとき、学力テストをはじめとして、教育の外側にも開かれる形で見えやすいものが求められるようになったこともあるのでしょう。

すなわち、教育という共同体のなかで共有されてきた論理に対して、外側から疑いの目が入ったとき、その疑いを晴らすために客観的な言葉で説明しなければならないところを、教育の論理では客観的な言葉で応答しにくい。そこで、**（教育の論理ではない）短期的で数値化できるようなもっともらしさを、（教育の内外を問わず）求めるようになってしまった**ように思います。

亘理　本来であれば、エビデンスなどもち出さなくても、（研究者も含め）教師が教育の専門家として世間から信頼されていれば、経験に基づく判断が受け入れられるはずです。要するに、「大丈夫ですよ、専門家である私たちに任せてください」と言えば済むのです。しかし、このような言葉かけに対して、「何を根拠にそう言えるのですか?」と懐疑的な視線を向けられた途端、答えに窮してしまう自分たちの姿に気づいたわけです。

ここで、脱線することを言うようですが、「教師たちは格好つけたがっている部分が少なからずあるのではないか」と私は感じています。

教師が信頼されていた時代は、プロダクトとして見えにくくても、心に訴えかけるような語りで、周囲を説得したり納得させたり、ときには留飲を下げることもできたでしょう。しかし、それで万事めでたしかと言えばそんなことはなく、教育の世界は（よくも悪くも）閉じていて、渦中の教師の語りいかんで、犠牲にされ、塗りつぶされてきた子どもたちもたくさんいたはずなのです。

そして、時代が変わり自分たちの語りが通用しないと気づいても、ある種の権威性のイメージを手放すことができない。このような構造が、「未来の教室」のような、よそ行きの服を着たがろうとする心情を生んでいるようにも思うのです。

渡辺　確かに、そうした側面はあるにせよ、そもそも私たち教育学者が批判すること自体お門違いで、むしろ教育学者がふがいなかったから、こんな事態になっているという見方はできませんか？

熊井　確かに、教育学の責任は問われなければならないと思います。「未来の教室」でも学級というシステムのあり方が批判的にとらえられていますが、いじめや不登校の増加が問題視されたとき、「学級が異質な集団に対応できていない」などと学級原因論を唱えて教育現場を叩いてきたのはほかならぬ教育学だったとも言えます。

さらに困ったことには、プロジェクト型学習、自立、自治、学習環境づくりといったものは、もともと私たち教育学者が使ってきた言葉であったはずです。それが、教育外の人たちのロジックに組み込まれてしまった（表面的にうまく使われてしまった）側面があるということです。つまり、教育学の見地から発信された言葉が、異なる装いの服を着せられて、さらに新しいものであるかのように語られていることを指摘したいと思います。

【木村・補足】　全学教育で、理系の学生に教えていると、「新しい」教育をとても強く信じている学生に出会います。彼らの話をじっくり聞いていると、そこには、進歩的な科学観（新しい技術がどんどん開発されていく）への疑いが微塵たりともなく、純粋に信じているんだろうな、と言うことがうかがえます。

「それは本当なのでしょうか？」と語りかけると、すごく驚いた顔をすることがあり、たとえば、江戸時代の試験制度の研究を講義で紹介して、いまとどこが違う、と聞いたりすると、ハッとする顔をする勘がいい学生はいますね。そのあたり、科学信奉がすぎて、あるいは、ICTなどもそうかもしれませんが、技術の進歩（本当はそうしないと、経済が回らないだけなのかもしれませんが）が絶対的に真である、と考えがちな世の中の風潮も関係しているのかもしれません。

テクノロジーと教育の関係をどう考えるか

川地　一斉授業の重要性を口にする先生であっても、教師自身が子どもを丁寧にとらえることに対して否定的であったわけではありません。確かに、教育学の側に理論の脆弱さがあったにせよ、それなりに語ってきたのではないかと思うのです。

私は第3章を執筆しながら考えていたことがあります。それは、時間をかけて先生が学ぶことは不要なコストだとみなしてお金をかけず、EdTechをはじめとする儲かりそうなテクノロジーにはお金を使っていいという、非常にわかりやすい切り分けがあるということです。

石井　いっそ、教師はAIでいいくらいの論調ですね。

亘理　推奨する人たちは、そもそも教師を信頼してないし、期待さえしてない。

渡辺　その一方で、学習基盤づくり（インフラ）の部分では、教師に求められる新しい専門性をもった存在として、アクティブラーナー、ファシリテーターなど、新しい教師像が語られているように思います。

石井　確かにそうかもしれませんが、EdTech等のICTインフラを重視する一方で、それを実際に使いこなす教師の存在については、教師の専門性と言いながら、最終的に行き着く先は教師そのものを必要としなくても済む世界を志向しているように感じます。

EdTechをはじめとするさまざまなテクノロジーを駆使し、子どもたち一人一人のプロフィール（学習の定着度や進捗状況など）をデータベース化して、「Aさんはここが弱いからこの学習」「この目標を達成するには、この教育方法」といった個別最適化されたマッチングをAIが行う。技術の道具箱から何を選ぶのかも考えなくてもよい、教育を提供する者に専門性がなくても、教師を経由しなくても教育できるという発想です。

このような方向性を肯定しがちなのは、次のような意識があるように感じます。

「いまの学校は本当に疲弊しているし、先生方の働き方改革が叫ばれている今日だから、授業研究に時間と労力を割くよりも、コンピューターに任せてしまったほうがいい」

「コンピューター任せ（実質的には子どもの自己責任）にしたほうが、学校へのクレームも減るだろうし、何よりコスト・パフォーマンスが高いのではないか」

教職への魅力を回復するうえでも、現実を見据えた「働き方」改革は大事ですし、学校の丸がかえ体質や前例主義は、問い直される必要があるとは思います。しかし、本当に教育職の脱専門化の方向であっていいのかについては、慎重な議論が必要だと思います。**教師と子ども、子ども同士の学び合う関係性を切り離していくような教育実践が、本当に人を育てるのか**という議論です。

もちろん、へき地や過疎化の進む小規模校が、コンピュータ・テクノロジーを駆使して遠隔教育を行うことまで批判したいわけではありません。「いままで救えなかった子どもたちの学びを救う」という発想から出発すれば、そこには大きな可能性があります。問題は、「まだましな教育」という位置づけであったはずのものが、あたかも「最高の教育」であるかのように読み替えられている点にあります。

亘理　その点は、「未来の教室」が推奨する、次のキャッチフレーズに対して感じている私の違和感にもつながります。

「一人ひとり違うワクワクを核に、『知る』と『創る』が循環する文理融合の学びに」

そもそも、教師と子どもたちが学校という場所に集まって行っていることは何か、それは「集団で学ぶ」ことです。これに対して、「一人一人違うワクワク」とは何なのか。仮に、文化的遺産の継承が教育の役割（の一つ）だとするならば、文化そのものに対する信頼を損なうのではないかと思うのです。というのは、この「一人一人違うワクワク」という言葉には、「子ども一人一人感じるものは違ったとしても、同じ文化の土台で共通にワクワクできる学びがある」という、戦後の教育実践が積み重ねてきた教育文化をないがしろにしているからです。

もし、「ワクワクなんて一人一人違うのだから、バラバラでいいよ」というメッセージとして伝わるのであれば、その改革は問題ありだと言わざるを得ません。

藤本　ただ、これまで継承してきた教育文化のもつ共通性を否定的にとらえる見方に対して「そのとおり」と共感する人たちがいることも確かです。かつて教室の文化に染まれずに抑圧され続けたという体験をもっている人たちに顕著で、「一人一人違うワクワク」という考え方を支える大きな力になっているように感じます。

また、「タブレットを使えば済む事柄まで学校で学習する必要がない」という見解もあります。これは、教師の仕事をどう評価するかにかかわりますが、亘理さんが言うような教育文化の共通性や信頼に対し、高度なレベルでの自覚を教師がもっていたのかが問われると思うし、教育学もどうバックアップしてきたのかも問われるように思います。

加えて、「先生方が行ってきたことはタブレットで置き換えられるのではないか」という問いに対して、自信をもって明確に回答できるのか、あるいはそうすべきなのか。現在の先生方の体力や知力に鑑みたとき、むずかしさを感じることがあります。

このように考えると、「未来の教室」に代表される経済活性化を軸とした教育と社会のつなげ方を考える際、教育文化の軽視につながる危険性に目を向ける必要がある一方で、あえて推奨している人たちが、これからのあるべき教育の本質を（私たちよりも）つかんでいる可能性も否定できず、どのようにとらえるのが望ましいのか迷う気持ちもあります。

杉田　その指摘はかなり痛いですね。たとえば教育学者たちが「授業とはいいもの。だから、授業という学校の世界観だけで議論することに価値がある」と閉じていた面もありますから。

【木村・補足】「未来の教室」に対して感じる疑問は、この教育は誰を対象とした教育なのか、ということです。教育学の議論のなかで、対象の議論が表立って行える場所があるとすれば、特別支援教育と教育社会学の教育格差の議論ではないかと思います。それを除くと、エリート教育なのか、中間層のボリュームゾーンの教育なのかを明言することがはばかられる空気が存在するような気がしています。

ただ、高校教員と話をしていると、それは明確に意識している現場意識がある。教育論や教育学が現場で噛み合わないのは、その表立ってされる教育言説が、場合分けをあえて避けていることも一因だと思います。

空気といえば、大澤真幸が言及して再注目された、山本七平の『空気の研究』（初版、１９７７年）には、人間平等の「オール３」という状況に合わせた論理が存在する、という指摘があります。

実際には、人間は、環境も違ったり、能力も違ったりするのですが、すべて同じ状況であるという出発点から、認識も議論もスタートする。そこから考えると、平等な人間に対応する教育論や教育政策も1つとなりえ（『空気の条件』での分析は、その支点は天皇であり、その下で平等なのですが）、それ以外を口にすることすら憚られるということになります。全員に対応可能な教育論、教育言説という想定やそれ以外の言説をタブー視する「空気」も対象化してみる必要があります。

教師は自分たちの実践を語る言葉を失っている

藤本　率直に言うと、文化遺産に対する感覚というものは、もはや教師たち自身に乏しくなっていると思うし、むしろそうであって当然だろうと思います。**「子どもたちに伝えるべきことは何か、共有しておくべきは何か」に対して自分なりの意見をもちにくくなっている**からです。

こうしたことは、問わず語らずのタブーみたいになっていて、何をいまさらみたいな空気が蔓延する現在、議論の俎上にさえ上がってきません。このような状況下では、教師としての自分が「なぜ、何のために、その学習を子どもに行わせるのか」その意味を、自分の言葉では語れなくなっているように思います。もはや学習指導要領をはじめとする公文書をよりどころにする以外にないのです。

たとえば、「『ちいちゃんのかげおくり』を学習する意味はこうだ」と自分の言葉で語ることのできる教師がいったいどれだけいることか。

赤木　私が問いたいことも、まさにその点です。教師が自分の言葉を失っている、自分のやっていることを自分の言葉で語れなくなってしまったことなのです。

「未来の教室」が提起する「学びの自立化・個別最適化」の手法については、特別支援学校で行っていることと親和性があります。確かに課題を挙げることはできるのですが、私の専門領域からすると、簡単には批判しにくい部分があるのも確かです。

石井　そもそも、日本の教師たちの自律性の核心は、「自分たちの実践を、教師自身の肌感覚に合った言葉を用いて語る」という点にありました。「ゆさぶり」という言葉一つとってもそうだし、「教科書を教えるのか、教科書で教えるのか」といったとらえもそうです。

こうした言葉やとらえは、学者由来というよりも、実践を通じた先生方の肌感覚から生まれてきたものです。**実践とそれを語る言葉はセットで、だからこそ、その語りは借り物ではない真実性や説得力をもちえた**のです。

逆に、借り物の言葉がそれに合うように実践を変えていくということも起こる。それはプラスもマイナスも両面あって、外来の軽いタッチの言葉が入ることで、いままでの日本の教育実践がもっているある種の閉鎖性であるとか、教室の生きづらさみたいな部分を緩和する可能性もあるように思います。

本日の議論の趣旨は、教育界に入ってくる流行言葉を題材にして、私たち教育学者がいま考えるべき課題を浮き彫りにすることです。そのため、「未来の教室」が発信するビジョンにしても、象徴的なものの一つとして取り上げているにすぎません。

ですから、流行を叩けばいいわけではないし、昔に戻ればいいわけでもありません。**さまざまな課題があるなかでも、私たちの足元で起きているところに希望を見いだして、言葉を立ち上げていくことこそ重要だ**と考えています。そうでないと、ただただ流され、顔なしの言葉に踊らされ、守るべき、育てるべき根がなくなってしまうと思います。

山下　「教師が自信を失っている」「教師の専門性が揺らいでいる」という指摘に関して、私はちょっと違った考えをもっています。それは、「自信がない」と思うのは、決して悪いことばかりではないということです。

現在は、公権力としての教育をいったん解体しようとしている過渡期にあって、そのために自信を喪失している時期だととらえることができると思うからです。むしろ私としては、**いますでに解体と再生がはじまっている模索期で、少しでもいい方向に向かおうともがいていると思いたい**のです。

トライアル・アンド・エラーを繰り返すこのような時期にあっては、その過程でさまざまなノイズが入ってくるから、迷いが生じ、自信を失うこともあると思います。これは変化の生み出す熱のようなもので、むしろ必要不可避です。ただ、その迷いがおかしな方向に向かってしまう危険性もあるから、「いまこそ踏ん張らないといけない」という歴史的位相にあるのだと私はとらえています。

　もう何年も前から学校の先生方は社会から突き上げられていて、信頼を失っていると語られることが多く、かわいそうにも思います。しかし、その信頼はいったい何が担保していたのでしょうか。昔のほうが信頼に値することをしていたから信頼されていたのでしょうか。私にはそう思えません。むしろ、社会の要請として信頼に値するとみなされていたから、（極論すれば、何の努力をしなくても）信頼されていたと考えるほうが正鵠を射ていると思うのです。

　実際、子どもたちとの関係をうまくつくれない先生方はどの時代にも一定数いるし、同僚間の被承認・承認関係は希薄になる一方です。こうしたなか、ただ現状を憂うのではなく、現実にしっかり目を向け、受けとめて、教師の専門性の成り立ちを、これまでとは違う形でつくり直していくチャンスだと私は考えたい。

亘理　「私はこんなすごい実践をやっているんだ」と自慢げに叫ぶ先生は少なく、社会の縁の下の力持ち的存在として言葉少なにがんばってきた存在が教師だととらえるならば、「自信がないからこそ、自分の実践を常に疑って改善してきた」と考えることもできます。それに対して、いかがなものかと思うのは、そうした先生方の自信のなさ、うしろめたさにつけ込む人たちのやり口です。

縁の下の力持ちだって、心のどこかに「認められたい」「格好つけたい」という気持ちがあっても全くおかしくない。そんな気持ちを利用して売り込もうとする。とどのつまりはお金儲けを企図しながら、それとは気取られないように見映えのよい言葉で近寄ってきて、「いい服着てみない？」ともちかける。これでは、社会的弱者が貧困ビジネスに抗えないのと何ら変わらないではありませんか。

山下　「個別最適化」一つとってもそうですね。公権力を行使できる中央省庁の一つから、「これからは個別最適化こそ大切なんだ」などと言われたら、教育現場には個別最適化に類する考え方や取組が、かつてなかったかのようにされてしまう。

私は、こうした状況に対して、開き直れないものかと考えています。「権力性」というものを本来あるべき権威や威厳みたいな形でつくり直せないものか…。このことは、授業づくりにおいても同様です。教師というものは子どもに対して権威的に振る舞わないと教育行為が成立し得ない職業だから、いい意味で偉そうな顔ができる状況をつくれないものかと考えています。

渡辺　今回、私が執筆を担当した第6章に引き寄せて言うと、30年くらい前までは、官製研修に対抗して、先生方が自分たちの志向性や主体性に基づいて研鑽を積んでいこうとする機運があり、そうした営みを「民間教育研究」と呼んでいました。

現在でも、有志で集まって学び合う場は数多くありますが、いまはそれらを表す言葉として「研究」を使わず、「講座」とか「ワークショップ」「セミナー」などと呼ぶことが多くなっています。

こうした動きは、単にいまふうの名称に変わったというにとどまらず、**自分の肌感覚に合った言葉で自分たちの実践を議論する営みを「研究」だととらえづらくなってきているということ**のようにも感じます。一方、各学校の授業研究においては、それこそ「エビデンス」をもち出さないと、「研究」だとみなされないような状況が生まれつつあります。

亘理　流行に踊ってしまう主体はさまざまです。現場の先生であったり、保護者や世間の人々、私たち教育研究者である場合もあります。このような人たちが、**なぜ流行に踊ってしまうのか、その理由の一つに価値に対する葛藤がない**ことが挙げられると思います。

さきほど、私が批判の対象として挙げた「一人ひとり違うワクワクを核に、『知る』と『創る』が循環する文理融合の学びに」という言葉一つとっても、「知る」ことと「創る」こととが循環するとは何なのかを考えもせず、よくわからないまま受け止めてしまうと、踊ってしまうわけです。

これは、経産省の「未来の教室」に限ったことではありません。遡れば1990年代に、当時の文部省が打ち出した「新しい学力観」や「開かれた学校」にしても、それは本当にいいことなのか、誰にとってもいいことなのか、どんな場合にいいことなのか、しっかり立ち止まって問い直す作業をしない限り、やはり流行に踊ってしまうのです。

逆に言えば、**新しそうな言葉を目にしたら、まずは「それって、自分の授業ですでにできてないかな?」と立ち止まって考えればよい**ということです。

どうも、先生方が自らの実践を自分たちの言葉で言語化するのが困難になっていった側面と、教育学者が先生方に代わって言語化して共有することがうまくできていなかった側面の双方があると言えそうです。

石井　そうしたことは、私も常々感じています。

学校現場に赴いて話をすると、参加者から「ホッとしました」と言われることが多いのです。たとえば、新学習指導要領の根幹となる「資質・能力」や「主体的・対話的で深い学び」などについても、私は先生方の教育実践によって生まれてきた（継承されてきた）言葉を使って語ります。すると、「いままでよいと思ってやってきたことでよかったんだ」という受け止めになるということですね。**先生方の足元にこそ希望があるということに、ぜひ気づいてほしい**と思います。

教師としての自分の評価

山下　私には気になっていることがあります。それは、研鑽を積む教師への評価です。授業研究一つとっても、教師が専門性を高めるという文脈で語られてきましたが、こうしたこともちょっと立ち止まって考えてみる必要があると思うのです。

評価する・評価される関係は、とても相対的なものだから、ある教師がどれだけ力量を高めることができても、周囲がその力量を評価しなかったら、その教師への評価は高まりません。ということは、「教師の専門性を高める」こと自体は確かに重要なのですが、私たちはそれを受容したり認知したり批評する社会の側にも働きかけなければいけないのではないかと思うのです。

石井　なぜ先生方への社会的信頼が希薄になったかといえば、「学校にはこれだけのことをやってくれ」という外部からの期待が高止まりした状態で消費者意識が力を増したことにあると思います。

学校ができることのキャパシティそのものは変わっていないのに、要求はエスカレートし、あたかも学校が機能していないかのように論じられるわけです。これは、相対的な話で、学校の問題が深刻化したというよりも、**学校の外と内の意識の差分が、教師の評判の低下となって現れている**と考えることができます。

以前、名古屋大学の内田良さんが言っていたことなのですが、先生方に「いま、(授業以外にもいろいろなことが多くて) 大変でしょ」と語りかけると、現場の先生方は「まだ大丈夫です。子どものためなら」と(気概の念で) 言ってしまいがちです。

しかし、そうではなく「本当に大変なんです」と言い切って、外からの期待をグーンと下げたほうがいいのではないか。そのうえで、**〝自分たちの本業は、子どもとかかわって、授業などを通して学びを保障することだから、そこに時間をかけて勝負する〟と割り切ったほうがいい**と思うのです。

そうでなければ、形骸化した行事、会議、事務仕事、保護者のクレームへの対応といった仕事に追われて、本業がおろそかになってしまう危険性があるし、実際にそうなってしまっている現実があると思います。

亘理　赤木さんの著書『「気になる子」と言わない保育』のなかで、さわいで落ち着かない子どものくだりがあります。私は、先生方の研修で本書の説明を使うのですが、とても納得してもらえます。

うるさい子を静かにさせたいとき、次の活動に移りたくてもすぐに動いてくれない子がいれば、「黙りなさい」「動きなさい」と叱って強制力を働かせれば話が早いわけですが、それでは本質的な問題の解決には至りません。

その子がしゃべるのをやめない理由にしても、学習活動自体が騒ぎたくなるような要素を含んだものだった、あるいは教師の指示の仕方が雑だったなどのあり得る要因について、その本はわかりやすく指摘しているのですが、現在はそもそも強制力を働かせるという方法自体が許されません。

ここで、学校現場で取り入れられているスタンダード化に目を向けると、問題行動のある子の内面を想像したり、自分たちの実践の善し悪しを顧みたりする余裕が先生方になく、そうかといって強制力を働かせることも許されない状況を打開するための苦肉の策として、スタンダート化が生まれたと言うこともできます。

そのような意味で、スタンダート化は、教師が子どもを思いどおりにしたいとき、面倒くさいことが発生したとき、手っ取り早く対応するための規格化された型になってしまいかねない側面があると言えるでしょう。

ただし、苦肉の策とはいえども、問題行動の原因をつきとめ本質的な解決に向かおうとすることを最初から放棄しているという点で、スタンダード化は強制力を働かせるのと大差がありません。しかし、こうした**規格化された型に頼らざるを得ないのも、学校**

や教師の側に余裕がないことに原因があると思います。

川地　私は綴方（作文教育）のサークルに通い、先生が書きあげたばかりの実践記録をもとに、ベテランから若手までいろんな先生と共に議論しています。そうした先生方の子どもの見方はとても柔らかいです。ただ、学校に戻ると、「思いどおりに子どもを動かせる人がいい先生でしょ？」という前提で語られることがあり、うまく対抗できなくて困っていると言うのです。特に若い先生が困っています。

自分としては「強い指導」に懐疑的ではあるものの、対抗することもできないから、適当にやり過ごしていると言うのですが、これも一つの〝余裕のなさ〟ではないでしょうか。余裕がなくなると、自分では「これ、変だな」とか、「もうちょっと待ってあげたいな」と思っていても、〝前提を遵守せずにクラスが荒れてしまったらどうしよう〟という気持ちのほうが先に立って、明確に反論できないままになってしまうのですね。

それと、もう一つ気になっていることがあります。それは、先生方が自分なりの見解をもって、子どもたちの姿を思い浮かべながら自分の実践を語ろうとしているのだけど、それをちゃんと受け止めてもらえない状況があるのではないかということです。

これは、エビデンス論でも語られていたことですが、そもそも教育実践の成果は数値化されるものではないから、先生方は不確実ではあるけれども定性的に評価し得る価値意識のもとで実践しています。それが、「根拠を問われて誰にでも答えられなければだめだ」などと言われてしまえば、先生方はどんどん萎縮してしまう一方です。

渡辺　「だめだ」と言うのは、先生同士で？　学校の外から？

藤本　おそらく両方なのではないでしょうか。世の中がそういうまなざしで学校を見ているだけでなく、教師の間でも同じようなまなざしが生まれてしまっている。いままでそれなりにうまくやってきたはずなのに、突然「あの先生はうまくできていない」とレッテルを貼られてしまう。そのため、自分がうまくやってきたことを、実感をもって、自信をもって、自分で満足できていればよいはずなのに、自分が望むような承認欲求を満たすことができず、「自分の考え方ややり方は通用しないのではないか」と不安を感じている先生方は多いと思います。

学校や教師を守ってきた保護膜の喪失

石井　先日、とある先生からこんなことを聞いたという話を知人がしてくれました。それは、教師の自己肯定感についてです。

「ＯＥＣＤの結果で日本の子どもたちの自己肯定感が低いのはなぜだと思う？」と問わ

れてその知人が答えられずにいると、「私たち教師の自己肯定感が低いからだよ」と言われたそうです。

昔は、学校という狭い空間のなかで守られるべき存在であるという環境設定があって、内向きでいること、すなわち教師であること自体が自己肯定につながっていたし、それが社会的に許容されていたというのです。しかし、いまそうはいかず、何を根拠として自分を正当化していいのかわからなくなったのだ…と。

子どもと教師の自己肯定感の関係についての、その先生のとらえの妥当性は検討の余地があるにしても、「先生」と呼ばれて敬われているように見えて、その実、自分は正当に評価されていると感じられない教師が意外と多いのではないか、大丈夫なふりをしているものの、内心では不安な気持ちを隠しもっているのではないか。

この見方が当たっているとしたら、よりよい教育は自分たちの内側にではなく、外側にこそあるのではないか、これまでの教育は通用しないのではないかという不安感が、教師の自己肯定感を不安定なものにしているのではないかという話でした。また、（こうした教師の心情面だけでなく）制度的にも、教育コミュニティにおける保護膜が形成されなくなっていることが、教師の自信のなさや余裕のなさにつながっているように思います。

たとえば、日本の教育は、文部科学省が中央教育審議会等での議論を経て定める学習指導要領によって、全国どこへ行っても一定程度の水準を担保するように努めてきました。加えて、教育委員会などの行政の管轄単位で流動的に異動を組織することで、面の質保証を実現してきました。

しかしこの間、政治や経済界といった教育の外部からの要求を、教育専門家による議論のフィルターにかける働きをもっていた中教審も、その機能を十分果たしにくくなっています。

また、規制緩和とパラレルで法整備が進められてきた学校評価制度を見ると、評価制度の整合性からすると、本当は教育委員会評価のようにより大きな主体を単位に評価すべきところを、個々の学校単位の自己評価、さらに言うと一人一人の教員の自己評価に落とし込んでいくといった個人化の傾向が見られます。

つまり、何重にもあったはずの保護膜がどんどん取り去られてしまった結果、先生方や各学校は、文科省、あるいは企業や世間などと直接的に対峙せざるを得ない状況が生まれているように思います。

さらに、家庭や地域からの応援も（昔と比べれば）得られなくにくくなっているし、教師同士の同僚性さえも希薄になっていることが、先生方の孤独感や余裕のなさをより深刻にしているのではないでしょうか。

渡辺　昔だって、自信のなさ、不安感、迷いといったものはあったはずです。問題は、以前だったら保護膜のなかで迷っていられたものが、そうすることができなくなった。つまり、自分の身を自分で守りながら自己責任で迷わざるを得なくなったということでしょうか。

石井　おっしゃるとおり。このことを裏返せば、教師がチャレンジングな実践を行うハードルが跳ね上がったと言い換えることができます。

保護膜があるうちは、「うちの学校の先生のやることだったら信頼できる」という、逐一根拠を問われない信頼感が前提としてあったから、失敗を恐れずに新しい挑戦がしやすかったと言えます。しかし、いまは自己責任よろしく、何か思い切ったことをしようと思えば、それこそ「辞表を胸に」という話になってしまう。

保護膜や信頼という点に関連して、学校経営の上手な校長先生は広報上手なように思います。保護者に対して、地域に対して、教育委員会に対して、「うちの学校はいい取組をやっています」と広報して信頼を構築しておく。そうすると、「あの学校だったら緩やかに見ていこうか」という余裕が学校の内外に生まれ、先生方も伸び伸びと実践できるようになるわけです。

学校改革と言うとき、学校の外側から何かをもち込むことも変化のきっかけづくりになるかもしれませんが、内側からこうした保護膜をより大きな範囲でつくっていく方途を考えるほうが賢明ではないでしょうか。ただその一方で、やり方を間違えると、閉鎖的な学校文化や学校内の同調主義を温存させることにつながりかねませんが…。

特に、現場の教育実践や授業研究をサポートしていこうとしている教育学者は、現場の先生に寄り添おうとするのだけど、真の目的は先生方に寄り添うことではなく、先生方の授業がよりよいものになるように手助けし、子どもの学びを充実させることです。

とはいえ、実践のいたらなさを責めてもしんどくなるだけだし、教師集団が元気にならないと、子どもたちにもかえっていきません。だからこそ寄り添おうとするのだけど、そうかといって、最終的に子どもの利益につながっているかという視点を忘れれば、そこにつけこまれる甘さも生まれかねません。

亘理　石井さんの言う保護膜を、私たち教育学者の役目と関連づけて言うと、いままさに議論しているような私たち教育学者の目線と現場の先生方の目線との役割分担です。

たとえば、「JAPAN e-Portfolio は危ない」と指摘するのは、私たち教育学者の役目でしょう。一方で、「Portfolio（ポートフォリオ）はよきものだ」と言ってきたのも、ほかならぬ教育学者です。ですから研究者は、Portfolio が、学習ログをビック・データ化して分析できるようになると、格差を拡大させたり子どもの評価を固定化させるツールにもなり得ることまで見通して、それを指摘する責任を負わなければなりません。それに対して、現場の先生方には、こうした教育学者の指摘を受けたうえで、それでも乗っかるかどうかという価値判断をしてほしいのです。

藤本　そのような意味では、学校の先生方に鑑識眼をどうもっていただくか。あるいは、いまもっている鑑識眼をどのように鍛えていくかが、とても大事なポイントになってきそうですね。

いま一度、立ち止まって考えることの大切さについて考察する

赤木　特別支援教育の観点から言うと、EdTechによる自学自習ができない子どもは少なくありません。それに、そもそも自学自習なのですから、（隣の子どもとの意見交換くらいはできるでしょうけど）学び合いとは到底言えるものではありません。それでもなお、1人も取り残さずという文脈で語られているので、私は首をかしげてしまうのです。そんなことが不可能なことは、障害児教育の歴史が証明しています。

もし、学び合いを通じた教師との大事な関係をも削ぎ落とされるのであれば、（意図的

ではないにせよ）できない子どもを排除する構造を生み出してしまうでしょう。子どもに方法を合わせるから、一人一人柔軟な対応を考えることができるのです。逆に、子どものほうを方法に合わせようとしたらどうなるか…火を見るよりも明らかです。

よく「高い学習効果」という言い方をしますが、このときの「高い」とは具体的に何を指すのでしょうか。特別支援教育の現状では、たとえば漢字をできるだけたくさん覚えた子が「高い」となることが多いと言えます。この点だけに立脚すれば、目に見えて、説明しやすく、ログにも残しやすいわけですが、それが子どもにとってどういう意味や価値があるかは別の問題です。こうした点に着目して立ち止まり、じっくり考えることが必要だと思います。

世間の目からすれば、「立ち止まっている場合じゃない」「効率が悪い」などと言われそうですが、**発達心理学の立場としては、「教師が立ち止まる」ことには大きな意味があるの**です。子どもの気持ちを想像してみる余地が生まれるからです。

たとえば、騒いでいる子に対して脊髄反射的に注意するのではなく、「Aくんはいま、なんで大声出しているんだろう」といったん立ち止まる。こうしたことの積み重ねが、「いまは、知らんふりしておいたほうがいい」とか、「いまは、座りなさいと言ったほうがいいんだ」「問題がわからなくて困っているんだな」といった判断力を養います。

「子ども理解」で立ち止まる。これは、「理解しよう、理解しよう」と思ってできるものではありません。だからこそ、教師が迷い、逡巡することに意味や価値が生まれるのです。他方、強靭な知性を要求されることでもあります。教員養成という切り口から言えば、「直感的な感性を含めた、自分の知性を大事にしなさい」というメッセージが抜け落ちてはいけないということだと思います。

熊井　「高い学習効果」といったときのその中身は、「未来の教室」のなかで混在しているような感じがします。それは、一方ではさまざまな分野を統合する手法としてSTEAM化を推奨しながら、結局のところ「高い学習効果」の成果指標が狭い意味での学力にとどまっているのではないかとも思います。

亘理さんの言うように、「未来の教室」は、子ども自身が学習したい環境を自律的に選んで学習を進めることを前提としています。その推進の行く末には、格差の拡大が待っていると思うのですが、そのあたりを考慮したうえでの提起なのか…。

これらの点を考えると、「これからは詰め込みからSTEAMだ」とか、「一斉から個別へ」といった言葉が机上の空論に見えてきます。もし、これらに説得力をもたせようとするのであれば、「公教育をどうデザインするか」という大きな視点から、ロジックなりメソッドなりを一つ一つ丁寧に築かなければならないと思います。

さらに、「Society5.0」では「学年にとらわれない多様な学び」「学習到達度や学習課題等に応じた異年齢・異学年集団での協働学習の拡大」などが掲げられ、「未来の教室」ではいわゆる飛び級や原級留置なども含めて「到達度主義の実現」が示唆されています。

これらに共通することは、いずれも〝「文化的なものを共通に学んでいく」という公教育のあり方は古臭いから、これからの時代には通用しない〟と暗に主張しているかのようです。

こうした考え方なり方向性が、教育のあり方への経済界の回答であり要請なのだとしたら、私たちは、公教育論としてどう応答すべきなのか。コメニウス的な近代公教育論⑥を主張してみたところで受け入れられがたい状況を踏まえたうえで、個別の方法論としてのSTEAMや個別最適化をどうとらえるかを明らかにする必要があると思います。

可能であれば、現場の先生方にも「Society5.0」や「未来の教室」の文書を読んでもらって、現場感覚を通した見解をもってほしいと思うのですが、なかなかそうする余裕がないのも事実です。ただ、余裕がないからと素通りしてしまえば、〝その存在に気づ

〈注⑥〉ヨハネス・アモス・コメニウスは東ヨーロッパの教育学者。「あらゆる人にあらゆることを」という理念のもと、同一年齢、同時入学、同一学年、同一内容・同時卒業といった現代の学校教育の仕組みを構想した。

いたころには、もう後戻りできない〟といったことが起きてしまうでしょう。それでは忍びありません。

「未来の教室」に限らず、**新しい施策が打ち出されるたびに、現場に及ぼす影響を想定しながら現場の先生方と共に考えていくことが、私たち教育学者の役目として重要になる**と思います。

教育のもつ人間くささへの問い返し

石井　こうしてみなさんと議論を重ねてくるうちに、あらためて冒頭の「教育の成功とは何か」という問いに行きついたように感じます。

教師は、かつて自分が教わったように子どもたちに教えようとすることもあって、学習のイメージが縮小再生産されてしまった結果、もはや文化の香りが消えてしまい、学習が（受験のために演習問題を解くことを繰り返すといった）筋トレのようなものになっているのではないか。

それに対して、「人が成長するとはどういうことか」「価値ある学びとは何か」という教育の原点に立ち戻って考え、「ここに希望があるよ」という指差しぐらいは、多少なりとも私たち教育学者にできるかもしれないという思いを強くしました。立ち止まることこそ、私たち研究者の仕事ですから。

そう考えると、現場の先生方に対しても、（論文だけでなく講演などでも）立ち止まるポイントや問いを投げかけたほうがいいのではないかと思います。このような投げかけは、論文や講演の中身（コンテンツ）よりも大事な気がします。現場の先生方もまた、（たとえ遠回りに見えても）目の前の子どもたちをこまやかに観察し理解するために立ち止まることが重要だと思うからです。

日本には「認識の教育」という言葉があって、そこには物事を「知る」ということの深い意味が込められています。「学力保障」の核心も「認識の教育」です。世間ではしきりに「学力向上」が叫ばれていますが、これと「学力保障」は別物です。

認識の教育とは、物事の見え方の変化をもたらすものです。これは、文化を学ぶ意味にもつながります。文化と出合うことによって、まさに世界とのかかわり方が変わるからです。それが、教科学習の本来の意味であり、人間形成に響くのです。

わかっていたはずのものが、わからなくなる。そうした「認識の教育」のためにも、立ち止まることの大切さを改めて感じました。そして、このような立ち止まりは、モヤモヤした気持ちになったときに生まれます。

世の中では、一度読んだだけですっとイメージできるわかりやすい書籍が好んで読まれます。しかし、本書は読者の先生方にとって、モヤッとした気持ちになるものであってほしいと思います。それが教育のもつ人間くささへの問い返しの視点となると思うからです。

このことを最後に告げて、本日の座談会を終わりたいと思います。

みなさん、ありがとうございました。

おわりに
―足元の現場にある希望やヒントにこそ光を

本書を読まれて、スマートで明快な解答を求めていた方は、いろいろともやもやしているかもしれません。一般感覚からすると、本書の議論は泥臭いし、すっきり割り切れないものです。令和の時代に昭和の臭いを感じられたかもしれません。

誰もが、自らの被教育経験などをもとに何事かを主張できることもあって、教育についての語りは、往々にして、一見もっともらしく耳あたりもよくわかりやすいステレオタイプに流されがちです。そして、そうした現実を過度に単純化したいわば、教育についての天動説的な考え方の上に議論や改革が行われる傾向があるように思います。しかし、直観的に確からしいと思われる「天動説」が「地動説」によって否定されたように、教育に関する議論についても真理は他にあるのかもしれません。

教育はモノづくりではなく、人にかかわり、その成長の場面に立ち会う仕事であり、しかも、いわば学校内外で「暮らし」を営むことを通して、人とのつながりのなかで長いスパンで生じる人間の変容にかかわる営みです。

促成栽培や養殖の動植物と天然のそれとの違いを想起すればわかるように、豊かな成長には、人間の生物学的成熟や類的本質に沿った時間とスピードに合わせることが合理的なのです。そして何より、人が人と向き合う営みゆえ、教育の現実は人間臭さから自由にはなれません。いかにファッショナブルにスマートに語れはしても、現実はそれをゆるしません。

たとえば、学校は多かれ少なかれ共同体的側面をもち、そこで営まれる授業は文化的な「生活」という性格を含み、ゆえに「学び」に止まらない「成長」を生み出しえます。この学校のもつ「暮らし性」ゆえ、教師の仕事は、学びの保障を中心にすべきではあっても、それに純粋には解消されず、つながりの形成やケア的なものをもミックスしたような「まるごと性」を帯びてくるのです。

こうしたことは、学校や教師の仕事を外側から眺めているだけでは見えてこない感覚です。教育言説と現場のリアル・肌感覚とのずれが生じがちな原因の一つは、そのあたりにあるように思います。

また、各専門分野では緻密で刺激的な議論をする人たちが、教育の中身の議論になったとたんにありきたりな結論になってしまうのも、同じ理由でしょう。理論から実践への実装においては、自らの受けてきた教育に視野が限定されたり、あるいは、それとはまったく逆の教育のあり方に触れると素朴に影響されたりして、他にもありえる形の可能性や、一見進歩的に見えるものの落とし穴などの吟味がおろそかになりがちです。特に、学校改革を唱える人のなかには、自らが出会った学校や教師への否定的な感情を出発点としている人も多く、そうした傾向に陥りがちです。

そういった点で、「未来」に向けて「前例」にこだわらずに「進む」という名の下に、「過去」の歴史や「蓄積」に学んで、「立ち止まって考える」ことが軽視されていないか、そこに危惧を感じます。

本書のもつ「昭和感」は、確かにある種の教育畑の人間のとらわれの表れかもしれませんし、教師に真にゆとりと仕事の魅力を取り戻すうえでも、日本の学校の前例主義や丸抱え体質をより抜本的に見直す視点も必要でしょう。

一方で、歴史に学ぶことなく、また日本の学校の文化的特質をふまえることなしには、日新しい考え方や方法は、言葉だけ新しくて中身はかつての何かの焼き直しに陥ったり、さらには、学校現場や日本の教育の日常に埋もれている「足元の宝」や、逆に真にメスを入れるべき根深い問題から遠ざかってしまうことになりかねません。

本書で折に触れて確認してきたように、流行をつくるスマートな教育言説に対して、「わかっていない」と専門家気取りで論評することが本書の意図ではありません。座談会などではやや挑発的で刺激的な表現もあったかと思いますが、「未来の教室」も含めて、いろいろな思惑もありながらも、そのなかに確かに存在はしている日本の教育をよくしたいという想いに共感し、そこから生まれる新しい挑戦に敬意を払うことは大事だと思っています。そのうえで、その提案や挑戦の可能性が、「こんなはずじゃなかった」ということにならないよう、カタブツな教育学者から、立ち止まりのための問題提起を行うものです。

本書の座談会は、いまからちょうど1年前、コロナ以前に行ったものですが、そこでの論点は、コロナ禍を経て先鋭化し、いまこそ切実性を帯びてきているように思います。動く時代の先に何を残すべきで何を改めるべきか、新たな学校や学びのあり方について、現場を置き去りにしない対話や議論が起こることを願っています。

令和3年1月吉日　石井英真

石井 英真 いしい・てるまさ　【編集代表】序章、第1章

京都大学大学院教育学研究科准教授

博士（教育学）。専門は教育方法学。学校で育成すべき学力のモデル化、授業研究を軸にした学校改革。日本教育方法学会理事、日本カリキュラム学会理事、文部科学省「児童生徒の学習評価に関するワーキンググループ」委員などを務める。主な著書に『未来の学校 ポスト・コロナの公教育のリデザイン』日本標準、2020年、『授業づくりの深め方：「よい授業」をデザインするための5つのツボ』ミネルヴァ書房、2020年、ほか多数。

熊井 将太 くまい・しょうた　第2章

山口大学教育学部准教授

博士（教育学）。専門は教育方法学（学級論、教育方法史）。主な著書に『学級の教授学説史—近代における学級教授の成立と展 開』溪水社、2017年、編著書に『「エビデンスに基づく教育」の閾を探る』春風社、2019年、杉田浩崇と共同編集）など。

川地 亜弥子 かわじ・あやこ　第3章

神戸大学大学院人間発達環境学研究科准教授

博士（教育学）。専門は教育方法学。生活綴方・作文教育を中心に、自己表現を育てる教育実践について研究。日本教育方法学会理事、教育目標・評価学会理事。主な著書に『戦後日本教育方法論史 上』ミネルヴァ書房、2017年（共著）、*Educational Progressivism, Cultural Encounters and Reform in Japan,* Oxon: Routledge、2018年（共著）等。

藤本 和久 ふじもと・かずひさ　　第4章

慶應義塾大学教職課程センター教授

博士（教育学）。専門は教育方法学・カリキュラム論、特に米国カリキュラム開発史・教育実践史。ISCHE の SIG メンバー、教育史学会の国際交流委員などを務める。国公立の小中学校の校内授業研究に多数参加し、授業研究のあり方とともに子どもの学びのリアルな姿にも関心を寄せる。近著として『グローバル化時代の教育評価改革―日本・アジア・欧米を結ぶ―』（共著）日本標準、2016 年、『「授業研究」を創る』（共編著）教育出版、2017 年、『マクマリーのタイプ・スタディ論の形成と普及－カリキュラムとその実践を読み解く基盤』（単著）風間書房、2018 年、『カリキュラム・マネジメントと教育課程』（共著）学文社、2019 年ほか。

赤木 和重 あかぎ・かずしげ　　第5章

神戸大学大学院人間発達環境学研究科准教授

博士（学術）。専門は発達心理学。特に、障害のある子どもの発達について教育実践に学びながら研究している。主な著書に、『アメリカの教室に入ってみた：貧困地区の公立学校から超インクルーシブ教育まで』（単著）ひとなる書房、『『目からウロコ！驚愕と共感の自閉症スペクトラム入門』（単著）全障研出版部など。

渡辺 貴裕 わたなべ・たかひろ　　第6章

東京学芸大学教職大学院准教授

専門は教育方法学、教師教育学。京都大学大学院教育学研究科博士後期課程満期退学。「学びの空間研究会」を主宰し、身体と空間、想像力を活かした授業について実践的に探究してきた。日本教育方法学会、全国大学国語教育学会、日本演劇教育連盟から研究奨励賞ほか受賞。著書として『なってみる学び―演劇的手法で変わる授業と学校』（共著）時事通信出版局、2020 年、『授業づくりの考え方』（単著）くろしお出版、2019 年など。

亘理 陽一 わたり・よういち　第7章

静岡大学教育学部准教授

博士（教育学）。専門は教育方法学・英語教育学。教育研究の方法論的検討、言語教育内容構成理論の構築、外国語教員養成課程・研修における PCK の形成過程の解明などに関心がある。著書として、『「学ぶ」・「教える」の観点から考える実践的英語科教育法』（共著、大修館書店）、『はじめての英語教育研究』（共著）研究社、『高校英語授業を知的にしたい』（共編著）研究社など。2019 年より静岡大学第 4 期若手重点研究者。

木村 拓也 きむら・たくや　第8章

九州大学大学院人間環境学研究院准教授

博士（教育学）。専門は、教育社会学、教育測定評価論。日本教育社会学会理事、一般社団法人 大学アドミッション専門職協会理事長、国立大学協会入試委員会 国立大学の入学者選抜に関する検討 WG 委員、独立行政法人 大学入試センター新テスト実施企画委員会委員、同 大学入学共通テスト企画委員会委員を務める。日本教育社会学会奨励賞（論文の部）、日本テスト学会論文賞 2 回受賞。テストのデータ分析からテストの制度設計のあり方までテストを総合的に研究する。

杉田 浩崇 すぎた・ひろたか　第9章

広島大学大学院人間社会科学研究科准教授

博士（教育学）。専門は教育哲学（後期ウィトゲンシュタイン哲学に基づく重度障害児とのコミュニケーション）。広島大学大学院教育学研究科博士課程後期修了。主な業績として『子どもの〈内面〉とは何か』春風社、2017 年、『「エビデンスに基づく教育」の閾を探る』（共編著）春風社、2019 年、「『妥当性』は自然科学的真理観の批判をいかに可能にしたか」『教育哲学研究』第 120 号、2019 年など。

山下 晃一 やました・こういち　第10章

神戸大学大学院人間発達環境学研究科准教授

博士(教育学)。専門は教育行政学・教育経営学、特に学校・家庭・地域の連携、教師の「実存」と学校組織の研究など。日本教育行政学会理事・研究推進委員長、日本教育経営学会理事、日本教育制度学会理事などを務める。近著として『現代教育改革と教育経営』(共編著)学文社、2018年、『学校ガバナンス改革と危機に立つ「教職の専門性」』(共著)学文社、2020年、『法規で学ぶ教育制度』(共編著)ミネルヴァ書房、2020年ほか。

流行に踊る日本の教育

2021（令和3）年1月10日　初版第1刷発行
2024（令和6）年7月26日　初版第5刷発行

編著者　石井英真
発行者　錦織圭之介
発行所　株式会社　東洋館出版社
〒101-0054　東京都千代田区神田錦町2丁目9番1号
コンフォール安田ビル2階
代　表　電話 03-6778-4343／FAX 03-5281-8091
営業部　電話 03-6778-7278／FAX 03-5281-8092
振替　00180-7-96823
URL　https://www.toyokan.co.jp
装　幀　中濱健治
印刷・製本　藤原印刷株式会社

ISBN978-4-491-04159-9　Printed in Japan